더불어 사는 다문화
함께하는 한국교회

목회사회학연구신서 5

더불어 사는 다문화 함께하는 한국교회

펴낸 날 · 2012년 6월 20일 | 초판 1쇄 찍은 날 · 2012년 6월 15일
지은이 · 조성돈 심민수 정재영 장진원 | 펴낸이 · 김승태
등록번호 · 제2-1349호(1992. 3. 31) | 펴낸 곳 · 예영커뮤니케이션
주소 · (136-825) 서울시 성북구 성북1동 179-56 | 홈페이지 www.jeyoung.com
출판사업부 · T. (02)766-8931 F. (02)766-8934 e-mail: edit1@jeyoung.com
출판유통사업부 · T. (02)766-7912 F. (02)766-8934 e-mail: sales@jeyoung.com

copyright ⓒ 2012, 조성돈 심민수 정재영 장진원
ISBN 978-89-8350-802-7(04230)
        978-89-8350-583-5(세트)

값 10,000원

목회사회학연구신서 5

더불어 사는 다문화
함께하는 한국교회

조성돈 심민수 정재영 장진원 지음

예영커뮤니케이션

현대사회 속에서 문화를 이해하고 소통하는 다양한 방식들이 존재하고 있다. 급격히 발달하고 있는 디지털 혁명과 소셜네트워크(social-network)는 새로운 소통과 공간을 창조하고 있다. 이 속에서 현대인은 다양한 문화를 경험하며 새로운 문화에 대한 기대와 효율성을 바라기도 한다. 하지만 이러한 환경적 문화의 발전과 경험은 또 다른 문화에 대한 충돌과 갈등을 야기하기도 한다. 문화에 대한 효율성의 이면에 있는 가치지향성과 윤리성 등 왜곡되고 파괴되는 문화의 이야기들도 들려온다.

이러한 시대 속에서 우리의 기독교회들은 문화에 대한 새로운 도입과 이해들을 통해 현대 사회 속에 적응해 왔다. 그러면서도 문화를 이해하는 방식에 있어서는 조금은 다른 개념과 가치들을 유지하려고 노력해 왔다. 그것은 변혁에 대한 관심이었다. 즉 문화에 대한 배타성과 수용성을 넘어선 변혁을 통한 새로운 문화적 삶의 가치들이었다. 이 가치를 지키고 전파하기 위해서는 문화에 대해 좀 더 진지한 기독교회의 준비와 이해가 필요한 시점이다.

이러한 시점에서 한국교회가 당면한 문화의 개념과 주제를 연구하고 제시하는 일은 매우 중요한 일이며 감사할 일이다. 다변화되는 문화 속에 살면서도 기독교적 문화 이해와 실천적 과제에 대한 논의는 매우 부족함을 절감했다. 이에 이번 굿미션네트워크의 연구 주제인 "더불어 사는 다문화, 함께하는 한국교회"는 다문화 시대 속에서 교회의 역할과 책임을 실제적으로 다룬 의미있는 연구라고 생각한다.

하나님 나라의 선교적 사명은 교회에서 뿐만 아니라 사회와 세계적 차원으로 나아가야 한다. 세계화되어 가는 현실 속에서 한국교회는 스스로만 위하는 열정이 아니라 사회의 아픔과 고통 속에 있는 이웃들을 진지하게 돌아보며 함께 웃고 울어 줄 때 세상 속에서 진정한 빛과 소금의 역할을 감당하게 될 것이다.

지속적으로 굿미션네트워크와 연구동역에 함께 해 주신 목회사회학연구소에 감사를 드린다. 한국교회의 지역 공동체 운동과 시민사회 연구를 통해서 한국교회 변화의 새로운 가능성과 가치를 전해주었으며, 이번 연구를 통해서 실천적인 다문화 사역에 대한 연구들을 훌륭하게 감당해주셨다. 이러한 한국교회의 목회사회학적 연구들을 통해서, 신뢰를 잃어버리고 있는 한국교회의 회복과 대화와 소통이 일어나길 소망한다. 또한 이러한 변화를 위한 더욱 많은 참여와 네트워크를 기대하면서 이 책을 통해서 다문화 시대 속에서 한국교회의 온전한 사역들과 사명들이 이루어지길 기대해 본다.

굿미션네트워크 회장
한기양

차례

Ⅰ. 다문화 사회에서의 목회

조 성 돈(실천신학대학원대학교/목회사회학)

1. 낯선 풍경

현재 대한민국에서 다문화 사회를 이야기하는 것 자체가 참 신기한 일이다. 1989년부터 2002년까지 독일에서 유학생활을 하고 돌아온 입장에서 보면 한국에서 가장 놀라운 일 중에 하나가 바로 대한민국 어디에서든 외국인들과 마주하는 일이다.

1989년 유학을 갈 때에는 외국인이라고 하면 당연히 영어를 이야기하는 미국인으로 통할 때였다. 그 외의 나라에서 대한민국을 찾는다는 것은 1988년 올림픽 때를 빼고는 그렇게 많지 않았을 것이다. 그리고 실제로 외국인을 길거리나 공공장소에서 본다는 것은 극히 드문 일이기도 했다.

그런데 13년의 유학 생활을 마치고 대한민국에 들어오니 외국인들은 이제 코 큰 서양인뿐만 아니라 다양한 유색인종으로 채워져 있었다. 지하철을 타면 영어뿐만 아니라 일본어, 중국어를 쓰는 관광객들과 알 수도 없는 다양한 동남아시아어, 그리고 심지어는 아프리카의 언어까지 수많은 언어들을 접하게 된다. 그것은 이제 대한민국이 다문화 사회가 되었다는 증거일 것이다. 한국어를 쓰고, 한국 땅에서 태어나고 자란, 머리가 까맣고 노란 살색에 검은 눈동자를 가진 이들만이 살던 대한민국에서 다양한 모양의 인종들이, 각기 다른 자신들의 언어를 사용하며 지내게 되었다는 것은 정말 놀라운 일이다.

그런데 이러한 상황 속에서 우리의 생활이나 생각은 과연 이 다문화의 상황을 쫓아가고 있을까? 한국 사람들은 단일민족이라는 자부심을 가지고 있다. 누가 뭐라 해도 우리 민족이 세계에서 가장 잘난 것으로 인식하고 있다. 그리고 5천년 역사를 지내면서 백의민족의 순수함을 지켜 왔다는 묘한 절대 감정을 가지고 있다. 한 민족이 이러한 자부심을 갖는다는 것은 좋은 일이다.

그러나 그것이 다른 나라나, 다른 민족과 비교되기 시작하면 배타적이고 공격적인 성향을 가지기 쉽다. 아마 우리도 그러한 성향을 가지고 있는 것 같다. 우리나라는 절대적인 빈곤에서 헤매다가 갑자기 부자 나라가 되었다. 그러면서 경제적인 이유 때문에 한국을 찾은 가난한 나라의 이웃들을 보게 되었다. 이런 연유로 배타적이고 공격적인 민주주의가 살아나는 것 같다.

우리가 꽤 오래전에 들었던 것은 외국인 노동자들이 임금도 제대로 받지 못하고 공장에서 산업재해로 몸이 상했다는 이야기이다. 이들을 제대로 돌아보지 못해서 생긴 여러 가지 일들이 우리의 뇌리에 깊이 박혀 있다.

2007년 2월 11일 여수에서는 끔찍한 사건이 있었다. 여수출입국관리소에서 쇠창살에 갇혀 있던 외국인 10명이 화재로 숨진 사건이었다. 그 일로 부상을 당한 사람도 18명이나 되었다. 선진국을 운운하는 대한민국에서 먹고 살자고 온 외국인들이 화재로 불에 타 죽었다는 사실이 말이나 되는가. 이것이 대한민국에서 외국인 노동자들을 대하는 태도가 아닌가 하는 생각이 든다. 2007년이면 국내 체류 외국인이 100만 명을 넘어서는 해였다. 우리가 가지고 있는 외국인들에 대한 태도는 바로 이러한 수준이었다.

다문화 사회가 되었다고 하지만 우리는 과연 이들과 함께 살아갈 준비가 되었는지 의문이 들 때가 있다. 사회는 점점 다문화가 되어 가는데 우리의 의식이나 삶의 태도는 이러한 다문화 사회에 맞게 변화하고 있는가. 아니 좀 더 구체적으로 한국교회는 이들을 맞을 준비가 되었는가를 묻고 싶다.

그래도 한국사회에서 그나마 도덕적이고 윤리적이라고 할 수 있는, 매 주일마다 말씀이 선포되고 하나님의 형상인 인간을 이야기하는 교회에서, 경제적인 문제로 인해 우리나라를 찾은 이들을 맞아 함께 살 준비가 과연 되었는가를 묻고 싶다. 바로 이러한 문제 제기로부터 이 책은 시작된다.

2. 외국에서 만나는 한국

몇 년 전, 사역하던 교회의 청년들과 함께 몽골로 비전 트립을 갔다 온 적이 있다. 비전 트립 중간에 4명씩 짝을 지어서 열차를 타고 몽골의 시골로 전도 여행을 떠났다. 기찻삯과 약간의 비상금, 그리고 전도용품을 가지고 1박 2일 동안 몽골의 허허벌판에 자리한 시골에서 얻어 먹고 자면서 전도하는 프로그램이었다. 다행히 환대의 정신을 가지고 있는 몽골인들 덕분에 별 어려움 없이 1박 2일 동안 전도도 하고 잘 지내고 돌아오는 길이었다. 너무 피곤한 몸을 이끌고 기차를 탔는데 4명 다 졸음을 이기지 못하고 있었다. 잠이 들어 버리면 혹시 우리가 내리고자 하는 울란바토르(Ulaanbaatar)역에서 내리지 못할까 봐 걱정이 되었다.

그때 구세주 같은 사람이 나타났다. 한국말을 할 줄 아는 승무원을 만난 것이다. 이 승무원은 한국에서 노동자로 몇 년간 체류한 적이 있어서인지 한국말을 꽤 유창하게 했다. 이 사람이 우연히 우리가 하는 말을 흘려듣고 친절하게도 울란바토르 역에 도착하면 깨워 주겠다는 것이었다. 그러면서 4명이 쉴 수 있는 방 구조로 된 객실로 인도해 주기까지 했다. 그런데 이상한 일이다. 이렇게 친절한 승무원이 처음부터 끝까지 존댓말은 없고 반말만 썼다. 상냥하게 웃으면서 "이리 와", "깨워 줄게", "내릴 때 알려 줄게"라고 했다. 이 웃지 못할 상황에서 우리는 추리해 보았다. 이 승무원은 한국에서 노동자로 일하면서 존댓말을 들어 보지 못했을 것이다. 그래서 한국말을 존댓말이 아닌 반말로만 배운 것이라고 말이다.

우리를 인도하던 현지 선교사에게 이 이야기를 전했다. 그리고 우리의 추리가 맞는지 물었다. 그랬더니 우리의 생각에 선교사도 동의했고 더한 이야기 하나를 해 주었다. 학교교장들이 모이는 모임에 참여해 함께 버스를 타고 이동 중이었다고 한다. 이야기를 나누다 보니 한국에서 노동자로 일했던 분들을 여럿 알게 되었다. 그 중 한 분이 내가 한국말을 잘한다고 하면서 말을 시작하는데 한국에서도 듣기 힘든 쌍욕을 했다. 다른 교장들도 나도 한국말을 안다고 하면서 똑같이 욕지거리를 내뱉었다. 그러면서 한국에서 이런 말밖에 못 배웠다고 하면서 이 선교사를 곤혹스럽게 했다고 한다.

몽골에 가면 제2외국어가 한국어가 아닌가 싶을 정도로 많은 사람들이 한국어를 할 줄 알고, 또 한국어를 배우려고 노력 중이다. 선교사들도 한국어 강좌를 통해서 사람들을 모으고 그 자리를 이용해서 복음을 전하기도 한다. 그만큼 몽골에서는 한국에 대한 동경이 있다. 그들은 한국 사람을 '솔롱고스 (Solongos)'라고 부른다. '무지개의 나라에서 온 사람들'이라는 뜻을 가지고 있다고 한다. 아마 대대로 이들은 한국을 아름다운 나라로, 동경의 대상으로 여겼는지 모른다.

그런데 이 사람들이 한국에서 경험한 것은 무지개가 아니라 냉대와 학대였던 것 같다. 존댓말조차 들어 보지 못하고, 갖은 욕과 천대였는가 보다. 그래서 그들은 한국에서 몇 년을 살았지만 존댓말을 모르고, 배운 것이 욕지거리밖에 없다고 말했을 것이다.

1) 독일

필자는 독일에서 유학하며 나그네 생활을 13년 동안 했다. 대학 3학년을 마친 23세에 유학을 가서 36세에 한국으로 들어왔다. 그동안 거기서 결혼하고 애도 둘이나 나서, 큰 애가 초등학교 3년을 마친 뒤에 한국으로 돌아왔다. 독일이라고 하면 많은 사람들은 히틀러와 나치를 생각한다. 유대민족을 멸족하겠다고 600만 명이나 학살한 이들이다. 아리안족의 우수성을 내보이기 위해 전 세계를 상대로 전쟁을 벌인 사람들이다. 그래서 독일하면 아직도 이러한 인종주의가 지배하고 있을 것이라는 선입견을 가지기 쉽다. 실제로 신문에 가끔 보면 스킨헤드라고 해서 빡빡 깎은 머리에 가죽점퍼를 입은 인종차별주의자들의 모습이 나타나기도 해 그렇게 볼 수 있다. 그러나 독일에서 살아 보면 외국인에게 참 친절한 나라라는 것을 느낄 수 있다. 독일인들은 과거 자신들이 민족주의를 내세워서 많은 사람들을 죽이고, 인류에 씻지 못할 죄를 지었다는 의식을 가지고 있다. 그래서 민족주의의 모습이 드러날까 봐 아주 조심하면서 살고 있다.

나는 그곳에서 살면서 어떠한 국경일에도 독일 국기가 가정집에 걸려 있는 것을 본 적이 없다. 혹시 그런 국가상징이 국민들의 민족주의를 일깨울까 싶어서 그런지 국기조차 게양하는 것을 본 적이 없다. 독일에는 외국인 비율이 8.8%에 이른다. 이 비율은 유럽연합(EU) 국가 중에 10번째이다. 그런데 절대 숫자로 보면 독일에서 외국인 숫자는 700만 명을 넘어선다. 이 숫자는 스페인 560만, 영국 400만에 비하면 월등히 높은 숫자이다. 물론 독일도 이러한 외국인들로 인해서 국가적인 고민은 있다. 그러나 그렇다고 해서 이들을 내쫓아야 한다고 공식적으로 말하는 사람은 본 적이 없다.

1998년 필자는 독일 최북단 킬(Kiel)이라는 도시에서 신학 석사를 마치고 박사과정의 지도 교수를 쫓아 마르부르크(Marburg)대학으로 이사를 한 적이 있다. 그런데 이 과정에서 비자를 받는 데 문제가 생겼다. 원래 학생 비자는 석사까지만 해당되고 박사과정은 학생으로 볼 수 없다는 것이 비자 담당자의 해석이었다. 그래서 한국으로 돌아가서 다시 비자를 신청해야 한다고 했다. 아이 둘에 아내를 데리고 한국을 다녀오려면 비용도 만만치 않고, 오랜 시간을 허비하는 것 역시 큰일이었다. 그때 내가 도움을 청하러 간 곳은 대학의 외국인 담당 직원이었다. 지금도 그 사람의 이름을 잊지 못한다. 바로 분케(Bunke)씨이다. 그는 내 이야기를 듣고는 말도 안된다고 하면서 그 담당자와 통화를 시작했다. 침착하게 시작된 이야기는 결국 언성이 높아졌고, 분케씨가 "한번 공개적으로 한판 붙자"는 선전포고를 하면서 끝을 맺었다.

결국 이분의 도움으로 비자 문제는 해결되었는데 무엇보다 자신의 일도 아니고, 나같은 외국인 학생 한 명을 위해서 담당공무원과 열을 내며 싸우기까지 해 준 그에게 감사했다. 내가 외국인으로서 경험한 독일의 모습은 이러했다. 외국인 학생 하나를 위해서 얼굴을 붉히며 싸움까지 불사하는 그런 모습 말이다.

독일에서는 교민들이 과거 간호사와 광부를 독일에 와서 일을 했던 분들이다. 한 여성에게 들었던 이야기가 기억에 남는다. 이 분은 간호사로 독일에 왔는데 당시만 해도 외국인이 독일에 별로 없을 때 였단다. 한국인 간호사들이 왔다고 지역신문에 나올 정도였다고 한다. 어느 날 병원의 간부가 한국인 간호사들을 집으로 초청했다. 타향에서 외롭게 살고 있는 이들에게 친절을 베푸는 자리였다고 한다. 이 분들이 식사를 제공했는데 한국인들은 밥을 주식으로 한다는 말을 듣고 쌀로 만든 음식을 만들었다. 그런데 이게 독일식이었다. 쌀에 우유를 붓고 끓여서 설탕과 계피가루를 넣은 음식으로 우유밥

(Milchreis)이다. 독일분들의 친절은 너무 고마운데 먹을 수 있는 밥은 아니고, 오히려 고향 생각이 더 간절해져서 같이 간 동료들과 눈물을 흘리며 이것을 먹었다는 웃지 못할 슬픈 이야기였다.

2) 나그네

지금으로부터 약 40년 전 우리의 자매들은 한국이라는 나라가 어디 있는지도, 어떻게 사는지도 모르는 독일 사람들과 함께 이렇게 살며 돈을 벌었다. 어디 이뿐이겠는가? 광부로 독일에 오셨던 분들의 이야기는 더 서럽다. 남자들이라 자세하게 이야기하지 않았지만 그 어려운 때에 이국땅에서 살아야 했던 분들의 이야기는 끝이 없다.

독일뿐만 아니라 우리의 아버지들은 잘살아 보겠다는 생각 하나로 중동의 모래바람을 뚫고 길을 놓았고, 베트남에서는 목숨을 담보로 생과 사를 넘나들며 돈을 벌었다. 이들이 왜 이렇게 외국에서 나그네로 돌아다니며 돈을 벌었겠는가. 바로 우리나라가 그렇게 가난했었기 때문이다. 이 땅에서는 먹고 살 수 있는 길이 없고, 남들처럼 살면 아이들을 교육하고 내 집을 가지고 살 수 있는 길이 없었기 때문이다. 그래서 고향 아비 집을 떠나 외국에서 나그네로 살면서 갖은 수모를 겪으며 고생했다. 고생뿐만 아니라 죽을 수도 있는 상황에서도 가족을 위해 감내했다.

그런데 이제는 우리가 잘 살게 되어서 외국인들이 대한민국으로 찾아오게 되었다. 나그네였던 우리가 나그네들을 맞아야할 때가 되었다. 역지사지(易地思之)라고 했다. 남의 입장에서 생각해 볼 때이다. 우리는 이미 남의 입장에서 보았던 사람들이다. 가난했었고, 그 가난 때문에 돈 되는 곳이라면 어디라도 달려가서 돈을 벌었던 사람들이다. 수치와 수모를 겪었고, 돈을 번다고 목숨까지 걸었던 사람들이다.

그런데 이제 돈 벌겠다고 찾아오는 사람들을 모질게 대한다면 이건 있을 수 없는 일이다. 그들을 이해하고 돌아볼 수 있는 마음이 마땅히 있어야 할 우리인데 그들의 눈에서 눈물이 나게 한다면 천벌을 받을 것이다.

십계명에 보면 안식일 규정이 나온다. 안식을 거룩하게 지키라고, 네 아들, 딸, 남종이나 여종, 심지어 소나 나귀 등의 가축과 손님이라도 일을 하지 않도록 하고 있다. 그런데 신명기에 보면 여기에 덧붙여서 나오는 말씀이 있다.

> "너는 기억하라 네가 애굽 땅에서 종이 되었더니 네 하나님 여호와가 강한 손과 편 팔로 거기서 너를 인도하여 내었나니 그러므로 네 하나님 여호와가 네게 명령하여 안식을 지키라 하느니라(신 5:15)."

안식일을 지키는 것은 나만의 문제가 아니다. 내 집에 있는 다른 모든 사람들도 안식할 수 있도록 배려하는 것이 핵심이다. 나에게 속하게 된 사람들도 일주일에 한 번, 안식일에는 쉬도록 하고 있다. 이것은 자녀 뿐만 아니라 종까지, 심지어 가축까지도 배려하라는 명령이다. 그런데 그 이유가 무엇인가. 애굽에서 고생하고, 압제받고, 수치와 수모를 당했던 그때를 기억해 보라는 이유에서다. 바로 거기에서 하나님이 너를 구원해 내셨는데 그것을 잊지 말라는 의미이다. 이제 너희가 땅을 얻고, 먹고살게 되고, 심지어 부자가 되면 이 때를 잊고 하나님을 잊을까 걱정되서 하나님은 안식일의 계명을 세우면서 이 말씀을 하셨다.

우리도 그때를 잊은 것은 아닐까? 배고프고 나그네로 살아야 했던 그때를 말이다. 그래서 우리에게 온 이 나그네들을 배려하지 못하고, 돌아보지 못하고, 책임져 주지 못하는 것은 아닐까? 이 안식일의 규정을 '기억'할 때다. 자녀와 남녀 종과 심지어 가축까지 돌아보는 이 배려의 마음을 우리가 가져야 할 때다. 그것이 우리가 하나님을 믿는 자녀로서 최소한 가져야 할 기본적인 삶의 자세이다.

3. 민족주의와 한국교회

한국은 한민족이라는 자부심이 대단하다. 혈통으로 이어진 하나의 민족이라고 말이다. 이 책에서도 자세히 다루고 있지만 우리 민족이 원래 가지고 있었던 자부심이라기보다는 산업화 시대, 즉 유신 시대 때 만들어진 측면이 크다. 아니 만들어졌다기보다는 강조했다고 보는 것이 옳다.

우리가 어렸을 적 외웠던 '국기에 대한 맹세'나 '국민교육헌장'에도 잘 나타나 있다. "조국과 민족의 무궁한 영광을 위하여"라든가, "나는 민족중흥의 역사적 사명을 띠고 이 땅에 태어났다" 등의 문구를 다 기억할 것이다. 요즈음 아이들은 '국민교육헌장'이 있는지조차 잘 모른다. 아이들에게 물어보니 그런 것을 외워 본 적도 없고, 알지도 못한다고 한다.

'국기에 대한 맹세'의 내용도 많이 바뀌었다. "조국과 민족의 무궁한 영광을 위하여 몸과 마음을 바쳐"라는 구절은 삭제되었고, "자유롭고 정의로운 대한민국의 무궁한 영광을 위하여"로 바뀌었다. 민족이라는 단어가 왜곡하는 의미들을 경계하기 위해서 내용을 바꾼 것이라고 생각한다. 물론 민족이라고 하는 것이 잘못되었거나, 우리가 자부심을 가져서는 안된다는 의미는 아닐 것이다. 그러나 문제는 그렇게 강조를 하다 보면 역효과가 날 수도 있다.

대표적인 것이 집단주의와 배타주의이다. '민족'이라는 대단위의 개념을 강조하면서 우리는 지난 어려웠던 시절, 공동체를 위해서 개인을 기꺼이 희생했다. '나'보다는 '우리'라는 개념에 더 익숙하고, 우리를 위해서는 '소(小)'가 당연히 희생해야 하는 것으로 생각했다. 그래서 어느 한 집단에 이익이 되지 않거나, 단결됨에 방해가 된다면 집단으로 응징을 가했다. 대표적인 예가 사회에서 주류에 끼지 못한 사회적 약자들이나 소수자들에 대한 비인간적인 착취와 폭력적인 대응이었다. 모든 것이 바로 대를 위해 소를 희생할 수 있다는, 집단의식에 의한 공리주의에 근거한다. 이러한 집단의식이 배타주의를 만들어 낸다.

전 세계를 다니다 보면 이제 한국 사람들이 없는 곳이 없다. 특히 미국이나 유럽에 있는 나라들을 가 보면 정말 구석구석에 한국 사람이 있다. 우스갯소리가 하나 있다. 중국 사람 셋이 모이면 중국 레스토랑을, 일본 사람 셋이면 혼다 대리점을 만든다고 한다. 그런데 한국 사람 셋이 모이면 교회를 세운다고 한다. 물론 한국 사람들이 만들어 낸 이야기일 수 있지만 일리가 있는 이야기이다. 실제로 한국 사람들은 몇 명이 모이기만 하면 곧바로 교회를 설립한다. 그 이유는 물론 신앙적인 면도 있지만 한인들의 공동체를 먼저 만들어 낸다는 의미도 있다. 한국 사람들은 어디를 가든지 서로 모여 있다.

내가 유학을 갔을 때도 독일 사람들이 충고하기를, 언어를 배울 때 한국 사람들끼리 모여서 한국말하는 것은 좀 피했으면 좋겠다고 했다. 독일을 배우고자 그곳까지 가서도 한국 사람들은 하루 종일 한국어로 수다를 떤다.

외국에 있는 한국인들은 비록 몸은 타향에 있을지라도 민족의 얼은 지켜야 한다는 투철한 의식이 있다. 그래서 아이들에게 한국어를 가르치고, 한국 예절을 가르치고, 한글 학교를 세워서 한국식 교육을 한다. 또한 한국에 있는 우리는 교포들을 보면서 그렇게 하는 것이 당연하다고 여긴다.

반면에 우리는 한국에 있는 외국인들이 이렇게 사는 것을 좋게 보는가? 절대 좋은 시선으로 보지 않는다. 영어를 사용하는 백인들의 그런 모습은 용납이 되고, 오히려 좋게 보기도 한다. 그러나 가난한 나라에서 온 외국인들이 만약 무리를 지어 지하철에서 자기들의 언어로 말하고 있다면 그것을 좋게 볼 사람들이 얼마나 있을까? 그들도 나라가 있고, 돌아가야 할 고향이 있다는 사실을 우리는 인정하고 있는가?

우리나라가 국력이 약했을 때 우리의 민족주의는 자부심이었다. 일천 번의 침략을 당해도, 중국이라는 대국을 옆에 두고도, 36년간의 일제 치하를 겪었어도 우리는 꺾이지 않고 나라를 지켰고, 땅을 지켜 낸 자랑스러운 민족이다. 그렇게 가난하고, 전쟁으로 모든 것이 무너져 내렸었지만 어려움을 이겨 내고 이렇게 잘 살게 된 것은 바로 우리는 한민족이라는 자부심이 있었기에 가능했다.

그러나 이제 우리가 세계 11위의 경제 대국이 되고, 가난보다는 부유함이 자연스러운 나라가 된 이상 이 민족주의가 집단주의와 배타주의라는 왜곡된 모습으로 나타나지 않도록 노력해야 한다. 그렇게 해야 이 땅으로 와서 경제적 나그네를 자처하는 이들을 품어 안을 수 있다.

한국교회는 이러한 민족주의와 무관할까? 결코 아니다. 한국은 민족이 어려움을 겪는 가운데 복음이 들어왔다. 19세기 후반 조선왕조가 무너지고 있을 때 외국의 선교사들이 이 땅에 들어왔다. 그 이후 나라는 주권을 점점 잃어버리고 결국 1910년 일본에게 굴욕적인 한일합방을 당하였다. 그리고 36년간의 일제 치하를 지내게 되었다. 이 과정에서 교회는 일제에 대항하며 민족을 지켰고, 독립을 위해 많은 희생을 치뤘다. 이러한 영향 때문에 한국교회는 유난히 민족을 위한 기도를 많이 한다. 대표 기도 가운데 빠지지 않고 등장하는 제목은 '이 나라와 이 민족'을 위한 기도이다. 민족은 한국교회에서 중요한 테마이다.

민족을 위한 기도는 당연히 해야 한다. 민족을 위해 기도해야 하고, 이 나라를 위해서 기도해야 한다. 이러한 신앙의 형태가 편협한 민족주의로 빠지지 않도록 주의해야 한다. 우리 민족이 잘되기 위해서 다른 민족을 가상으로 두고, 그 민족을 이기게 해달라는 것은 문제가 있다. 일반 사회에서 통용되는 것과 같이 이 민족주의가 집단주의와 배타주의로 나타나서는 안 된다.

그런데 교회는 종종 이러한 성향에 확신을 주는 행위를 하기도 한다. 우리의 기도가 집단주의와 배타주의에 물들어 간다. 교회에서는 우리나라를 '조선'이라고 하는 것은 하나님의 뜻이라고 한다. 영어로 조선, 즉 'chosen'은 초이스(choice)의 과거분사로 '선택받은'의 뜻이다.

이것이 바로 조선 민족이 선택받은 민족이라는 증거라고 한다. 또 우리 민족을 '백의민족(白衣民族)'이라고 하는데 흰옷을 입었다는 데서 착안해서 우리가 천사의 민족이라고 주장하기도 한다. 이렇게 함으로써 한민족을 제2의 이스라엘로 만들어 보려는 시도들이 있다.

우리에게 민족은 이러한 의미는 아니라고 본다. 이것이 신앙적인 의미가 될 수도 없고, 신학적인 의미는 더더욱 아니라고 본다. 특히 다문화 사회가 되어가고 있는 현재 대한민국에서 이러한 기도나 신앙은 적지 않은 사람들에게 상처를 주고, 복음의 영향에서 벗어나게 만드는 결과를 가져올 수도 있다. 분명 바울 선생께서 "헬라인이나 야만인이나 지혜 있는 자나 어리석은 자에게 다 내가 빚진 자라"(롬1:14).라고 고백한 부분은 우리에게 많은 시사점을 준다. 빚진 자의 심정으로 우리 가운데 있는 이들을 돌아보는 마음을 갖는 것이 이 시대의 우리가 가져야 할 부분이다.

4. 세계화와 다문화 그리고 선교

세계를 지구촌(global village)이라고 할 정도로 이 세계는 서로 가까워지고 있다. 교통수단이 점점 좋아지고, 통신수단과 미디어가 발달하면서 세계는 하나라는 이야기가 이젠 과장이 아니다. 실제로 우리나라에서 유행하는 드라마가 중동에서도 유행하고, 한국의 아이돌 가수를 보면서 아시아뿐 아니라 유럽과 미국, 심지어 남미에서도 열광하고 있다. 어쩌면 이 지구의 한 마을화에 가장 큰 혜택과 변화를 경험하는 것이 대한민국이 아닐까 하는 생각이 든다.

이미 언급했듯이 대한민국에서도 다양한 인종의 사람들을 만나게 된다. 이것은 대한민국이 잘살게 되었다는 의미이다. 세계가 가까워지면서 돈을 벌 수 있는 곳으로 사람들이 모이는 것은 당연한 결과이다. 이것은 산업화 시대 때 지방에서 서울로, 또 농촌이나 어촌에서 도시로 사람들이 몰려오는 것과 같다. 현재 대한민국의 도시화율은 90%를 넘어섰다. 전 국민의 90%이상이 도시에 산다. 이것은 아마 전 세계적으로도 찾아보기 힘든 수치이다. 왜 이렇게 사람들이 도시에 몰려왔을까? 물론 일자리와 미래 가능성, 그리고 교육과 문화 등의 복합적인 이유가 있을 것이다. 그러나 간단히 말하면 도시에는 돈과 일자리가 있기 때문이다.

정작 서울에는 서울 토박이가 얼마나 있을까? 부모 세대로부터 따져 보면 그렇게 많지 않을 것이다. 전라도, 경상도, 충청도, 강원도, 제주도, 황해도, 평안도, 함경도 이 모든 곳에서 모인 사람들이 서울을 이루고 있다. 이렇게 사람들이 모이는데 서울 사람들이 이들을 막았다는 이야기는 들어 보지 못했다. 지역별 모임이 있고, 같은 사투리를 쓰는 사람을 만나면 반가울지 몰라도 서울 사람들이 자신들과 다른 말과 문화를 가지고 있다고 그들을 배척하고 내몰았다는 이야기는 못 들었다. 돈과 일자리를 찾아 사람들이 모이는 것은 당연한 일이고, 또 돈과 일자리가 있는 곳에서는 사람들이 필요하기 때문에 당연한 것으로 받아들였다.

잘사는 나라로 사람들이 모여드는 것은 마치 이와 같다. 과거 우리가 돈과 일자리를 찾아 서울로 가는 것과 같은 이치이다. 언어가 다르고, 문화가 다르고, 생김새가 다르긴 하지만 말이다. 그러나 어떻게 보면 그 다름도 인터넷이나 미디어를 통해서 벌써 어느 정도 극복하고 있는지 모른다. 지구촌에서 다른 나라를 찾아간다는 것은 이미 과거 우리가 고향 집을 떠나서 서울로 이사하는 것과 별반 다를 것이 없는지도 모른다.

70년대와 80년대 한국교회는 폭발적인 성장을 하였다. 이렇게 성장할 수 있었던 것은 여러 이유가 있지만 사회학적 관점에서 본다면 도시화가 큰 역할을 했다. 고향과 가족을 떠나 도시로 진출한 사람들은 정체성과 가치관, 그리고 세계관에 혼란을 겪었다. 유교적 전통을 가지고 있는 한국사회에서 고향과 가족을 떠나는 것은 근본을 잃어버린 것과 같기 때문이다. 산업화로 인해 급변하는 사회에서, 자신의 근본적인 공동체인 향촌과 가족을 떠나 새로운 환경인 도시로 유입된 사람들은 새로운 정체성과 가치관, 그리고 세계관을 필요로 했다.

이런 경우 사람들은 새로운 준거집단(reference group)에 속하게 됨으로써 이러한 문제를 한꺼번에 해결한다. 즉 각 개인이 이러한 정체성과 가치관, 세계관 등을 개별적으로 습득하는 것이 아니라 기준이 되는 집단에 속함으로써 그 집단이 제공하는 것들을 받아들인다. 한국교회가 바로 이러한 준거집단의 역할을 했다. 쉬운 설교를 통해 새로운 세계에서 어떻게 살아야 하는지를 간단명료하게 심어 주었다. 예를 들어서 성경은 이런 이야기이고, 그 뜻은 이것이고, 그러므로 너희들은 이렇게 살아라하고 성경의 해석에서부터 적용까지 일목요연하게 설명했다. 그러면 교인들은 아멘으로 화답하고 그렇게 살았다. 도시에서 혼란에 빠진 이들에게 교회는 뚜렷한 정체성과 가치관을 제공함으로써 사람들의 마음을 사로잡았다.

또 하나 고향과 가족을 떠난 이들에게 교회는 구역을 통해서 '대체가족'의 역할을 했다. 관혼상제와 같은 집안의 대소사를 구역이 함께 치러 줌으로써 가족의 역할을 톡톡히 해냈다. 서로 만나서 이야기하고, 서로를 위해서 기도해 주고, 아픔과 슬픔을 함께 나눌 수 있는 그룹을 교회에서 만났다.

이와 같이 준거집단과 대체가족으로서 교회는 고향과 가족을 떠난 산업화시대의 사람들을 품을 수 있었고 그들로 인해서 이렇게 급성장할 수 있었다.

다문화 사회가 되면서 고향과 가족을 떠난 사람들을 이 땅에서 새롭게 만나게 되었다. 교회가 이들을 품을 수 있지 않을까? 과거 교회가 그랬던 것처럼 새롭게 그 사역을 시작함으로써 말이다. 언어와 문화가 다르지만 교회라는 한 공동체 안에서 만나 성령으로 뜨겁게 달구어져 한 식구가 되면 된다.

믿음의 선배들이 어려웠던 시절 성령의 위로와 능력으로 살았던 것처럼 그들도 이 위로와 능력으로 살 수 있지 않을까하는 생각이 든다. 그리고 타향에서 나그네로 살게 된 그들이 교회 안에서 새로운 가치관과 정체성, 그리고 새로운 세계관을 얻을 수 있을 것이다. 그리고 그 안에서 잃어버린 가족을 대치하는 새로운 가족을 얻어 이곳에서 아름답게 살 수 있을 것이다.

대한민국은 선교사 파송율이 세계 2위이다. 선교에 대한 열정이 정말 뜨

거운 나라이다. 그런데 외국에서 선교를 한다는 것은 너무나 어려운 일이다. 때로는 목숨도 걸어야 하고, 박해와 냉대 역시 감수해야 하는 일이다. 전에 터키에 갔을 때 선교사에게 들은 이야기이다. 터키에 그동안 선교사가 400 여 명이 있었는데 현재 터키에 예수 믿는 사람이 400여 명이 있다고 했다. 십여 년이 지났기 때문에 상황이 달라졌을 수도 있지만 그 선교사의 이야기에 따르면 그 땅에 선교사가 다녀간 수만큼 현지 기독교인이 생겼다고 했다. 선교라는 것이 얼마나 어려운 일인지를 실감할 수 있었다. 중동 국가에서 단 한 명의 기독교인을 얻기 위해서는 한 선교사가 평생을 걸어야 할 만큼 어렵다는 이야기 아니겠는가.

이제 한국에서는 이렇게 보내는 선교만큼이나 받아들이는 선교도 중요하다. 갇혀진 땅에서 굳은 마음의 그들을 전도하는 일보다 어쩌면 이곳으로 찾아온 사람들을 전도하는 것이 훨씬 쉬운 일일지도 모른다.

이번 연구에서 인터뷰한 이란인 전도사나 인도 전도사의 경우를 보아도 이곳에서의 전도가 훨씬 효율적이고 효과적인 것을 알 수 있다. 또 방글라데시에서 사역하셨던 분도 한국에서 방글라데시인들을 대상으로 역선교를 훌륭히 해내시는 것을 보았다. 바로 한국 땅에서도 해외 선교가 가능해졌다. 그것은 받아들이는 선교이다. 이 선교는 특정한 누군가가 하는 선교가 아니다. 외국인 근로자나 외국인 이주자를 만날 수 있는 모든 사람이 할 수 있는 선교이다. 그들을 이웃으로, 직장 동료로, 또는 자신이 운영하는 회사의 부하 직원으로 만날 수 있는 모든 사람들이 훌륭한 선교사가 될 수 있다. 그들에게 물 한 잔 건네고, 어려운 문제를 위해서 도와주고, 기도해 주고, 인내하며 그들의 어눌한 한국어를 들어주는 일들로 선교 사역을 감당할 수 있다. 더군다나 그들이 교회를 찾아온다면 교회는 더더욱 뜨거운 선교 현장이 될 수 있다. 어쩌면 그 영혼은 한 선교사가 평생을 들여 구하고자 했던 아름다운 영혼일

지도 모른다. 그들을 돕고, 그들을 주님 앞으로 인도한다면 우리는 받아들이는 선교사가 될 것이다.

5. 다문화 사회에서 선교 공동체

　다문화 사회는 한국교회에 새로운 기회이다. 보내는 선교에서 받아들이는 선교로 전환하여 이들을 맞이한다면 놀라운 일이 벌어질 것으로 기대된다. 외국인 노동자들과 함께 할 수 있는 일들은 이미 한국교회에 다양하게 있다. 여러 가지 프로그램들이 있고, 여러 사역 단체들이 생겨나고 있다. 정말 환영할 만한 일들이다. 이들을 만날 때 우리는 선입견을 가지기 쉽다. 그것이 무슨 나쁜 의도나 의심과 같은 것이 아니라 단지 생소하고 어떻게 다가가야 할지를 몰라서 생기는 것도 있다. 이들과 의사소통은 될 지, 서로 다른 생활 풍습이 있을 텐데 이들이 이해할 것인지, 혹시 이들에게 결례가 되지는 않을지 여러 걱정거리들이 있을 수 있다. 그런데 연구 과정에서 이들을 만나보니 '진심'이 가장 중요하다는 것을 깨달았다. 이들은 이곳에서 기회를 얻기 위해 찾아왔다. 그래서 더 외로울지도 모른다. 이들은 한국 사람들을 만나고 싶어 한다. 그냥 만나는 것이 아니라 친구를 얻기 원한다. 친구에게 바라는 것은 진심이다. 그냥 이들과 어울리고, 밥이라도 사 주고, 손을 잡아 주는 일을 우리가 할 수 있다. 이러한 것만으로도 이들은 따뜻한 정을 느끼고, 인간적인 아름다움을 느끼게 될 것이다. 남자들의 경우 스포츠를 통해서 친해지기도 한다. 거룩한빛광성교회에서는 몇 개의 축구팀이 있다. 주일이면 서로 리그전으로 게임을 하고 있다. 축구팀에서 베트남 팀을 함께 넣었다. 베트남 사람들 끼리 팀을 구성하고 이 팀과 함께 축구를 한다. 함께 뛰고 땀을 흘리며, 밥을 나눠 먹으면서 정이 들었다고 한다.

그리고 이러한 마음이 발전해서 이들의 필요를 돌보게 되었다. 의료보험이 없는 이들을 위해서 교인들 중에 의사가 있으면 소개해 주어 진료를 받을 수 있는 기회를 마련했다. 또한 치료비를 보태는 일도 한다고 한다. 이렇게 스포츠를 통한 사귐과 나눔이 베트남 성도들과 친해질 수 있는 기회를 마련해 준다. 이러한 사귐을 넘어 조금 더 도움을 주기 원한다면 아이들을 돌보아 주면 좋다. 부모들이 언어적인 장벽이 있으니 아이들의 학습을 직접 지도하기는 어렵다. 아이들의 학업을 지원할 수 있는 공부방을 연결하거나, 직접 아이들과 교제할 수 있는 기회를 갖는다면 외국인 부모들의 가장 큰 고민을 해결해 주는 일이 될 것이다.

더 나아간다면 다문화 사역 전문기관을 설립하는 일이다. 변호사, 의사, 통역, 운전 등의 다양한 일들이 도움이 될 수 있다. 외국인들이 필요로 하는 것은 의외로 그리 어려운 일들이 아니다. 한국인이라면 쉽게 해결할 수 있는 일들이 이들에게는 어려운 일이 될 수 있다. 관공서에서 서류를 작성하는 일이나 학교에 선생님을 찾아가는 일조차도 이들에게는 상당히 어려운 일이 될수 있다. 이러한 일을 도울 수 있는 사람을 연결해 주는 기관이면 좋겠다. 쉽게 찾아와서 '내가 관공서에 가야 하는데 동행해 줄 수 있는가'라고 부탁할 수 있고, 동행해 줄 수 있다면 좋을 것이다. 함께 사는 것은 어려운 일이 아니다. 사람은 문화가 달라도 진심은 통하게 되어 있다. 우리의 진심은 그리스도의 사랑이다. 그들을 이 사회에서, 그리고 이 교회에서 진심으로 맞이한다면 그들 역시 그리스도의 사랑을 느끼게 될 것이다. 이것이 바로 우리가 할 수 있는 다문화 사회의 사역이다.

II. 다문화 사회의 이해

정 재 영 (실천신학대학원대학교/종교사회학)

1. 다문화 사회로의 전환

　우리 사회는 2007년 국내 체류 외국인 수가 백만 명을 넘어서면서 본격적인 '다문화 사회'에 접어들었다. 백만이라는 인구는 한국 전체 인구에 비하면 2.2%에 불과한 적은 수치이지만, 우리나라 국민들이 수천 년 동안 단일민족이라고 여겨 왔던 것을 생각하면 커다란 변화라고 할 수 있다.

　특히 이러한 변화가 불과 십여 년 사이에 일어난 일이라는 점에서 그 진행 속도가 매우 빠르다는 특징을 갖고 있다. 1994년에 9만 5천여 명에 불과했던 국내 체류 외국인 수는 2000년 들어 24만여 명으로 증가하였고, 2006년에는 63만여 명으로 주민등록인구의 1%를 넘어섰다.

　그리고 2007년에 백만 명을 넘은 것이 언론에 대대적으로 보도되면서 '다문화'가 우리 사회에서 화두가 되었고, 2010년 기준으로 국내 체류 외국인 수는 130만 명(불법 체류자 17만 명 포함)에 출신 국가도 40여 개국을 넘으면서 빠르게 다출신국이자 다인종사회로 변하고 있다.

　1995년 이후의 출입국 통계를 보면, 외국 국적의 외국인 한국 체류 인구는 약 10년 동안 2.5배 가까이 늘어났으며, 그 중에서도 이주노동자의 체류는 2배 이상의 증가율을 보인다. 비합법 인력을 포함할 경우 실제로는 3배에 육박하는 증가세를 추정할 수 있다.

결혼이주여성의 경우 절대 수치에서는 이주노동자의 규모에 훨씬 미치지 못하지만, 증가 속도에서는 5배를 넘어서는 수치를 보인다. 이는 이주여성 본인과 이들이 속한 가족 및 지역사회가 중요한 관심 대상으로 부상할 수밖에 없음을 보여 주고 있다.

특히 결혼에 의한 외국인의 유입은 이주 인구 중에서도 정주 가능성을 가장 크게 내포하고 있기 때문에 이에 대한 관심이 요구된다. 외국인을 배우자로 맞이하는 혼인 건수는 10년 사이에 10배로 증가하고, 2005년에는 한국 총 결혼 건수의 13.6%를 차지할 정도로 급격히 증가하였다. 더욱이 이러한 결혼이 농촌 및 지방 도시를 중심으로 전개되고 있다는 점을 주목할 때, 현재 젊은층을 중심으로 나타나는 저출산의 경향을 다소간 상쇄하는 다문화 인구의 증가를 예측할 수도 있다.(한국문화관광연구원, 2008: 33)

이러한 추세를 근거로, 2020년 경에는 20%에 육박하는 700~800만 명 정도의 이주민이 한국에 살게 될 것으로 예상하기도 한다. 이주노동자들이 3~10%에 달할 것으로 보는 UN의 예측선에서 5% 정도만 하더라도 200만 명에 이를 것으로 예측할 수 있다.

그리고 매해 35,000명 정도가 국제결혼을 하고 있으며 매년 4만 명씩만 늘어난다고 해도 6십만 명에 이를 것이다. 이를 다문화 가정으로 3배수를 하면 1백80만 명 정도에 도달하게 될 것으로 추정할 수 있다. 이 역시 전 인구의 약 5% 정도에 이를 것으로 예상된다. 이를 합할 경우 10%의 이주민이 예상되며, 여기에 유학생들과 기업 주재원 등을 합하면 인구의 20%에 도달할 것으로 추정된다.(정노화, 2006: 221)

이러한 사실은 서구 국가들에서만 논의되었던 다문화 · 다인종 문제를 이제 한국에서도 사회 현상의 주요한 변화 중의 하나로 논의하는 것이 낯설지 않게 되었고, 교회도 이에 대한 대비책이 시급히 필요함을 의미한다. 우리 사회의 문화적 다양성과 인구구성의 변화가 심해짐에 따라 한국사회가 전통적으로 단일민족, 문화, 언어로 구성된 사회라는 것는 더 이상 강조할 가치가 아니라는 것이 학자들의 공통된 견해이다.

장미혜 교수는 이주 단계별로 다문화 사회로의 진입 단계, 다문화 사회로의 전환 단계, 다문화 사회론의 정착 단계로 다문화 사회로의 이행 단계를 구분하여 향후 다문화 사회의 전개 양상을 예측하고, 각 단계별로 발생할 수 있는 사회적 위험의 내용을 정리하였다. 이 내용에 따르면, 우리 사회는 2단계 곧 다문화 사회로의 전환 단계로 인종, 민족의 다양성으로 인한 가치관의 혼란 및 사회 일체감의 약화 및 사회 불평등이 가시화되고 있는 상황이다.

따라서 민족, 인종간 사회 불평등이 심화되어 심각한 사회문제가 발생하기 전에 다양한 측면에서 사회 갈등 및 혼란의 요소가 잠재해 있다는 점을 인식하고 다문화 사회의 정책 단계에 대한 적극적인 준비가 시급하다. 곧 다른 인종 및 인구 유입으로 인해서 우리 사회가 인종, 민족, 언어, 문화적으로 다양화되어가고 있으며, 이에 따라 이들의 문화와 역사를 존중하고 이해하는 사회 분위기를 조성하고, 그들의 인권 보호 및 사회 통합을 강화하는 것이 다양한 차원에서 이루어져야 한다.

〈이주 단계별 다문화 사회〉

다문화 사회로의 이행단계	현상	예측할 수 있는 위험
1단계: 다문화 사회로의 진입단계	이주민이 전체 인구 구성에서 차지하는 가시적 비중 증가	· 주류 사회에서는 상식적으로 통용되던 민족 국가의 구성원에 대한 혼란 · 이민자에 대한 주류 사회의 심리적 저항과 차별적 태도 · 행동의 다양성이나 가치관의 상이에 따른 규범의식의 저하

2단계: 다문화 사회로의 전환단계	다문화 가족의 형성 :체류 기간의 연장에 따라 독신의 이주자들이 서서히 가족을 형성, 출신국별 이주민 공동체 형성 (집단적 거주지출현)	· 다문화 가족 내 가족구성원 간의 무관심과 정서적 유대 관계 약화 · 언어 장벽으로 인한 가정 내의 의사소통 약화
		· 다문화 가족의 이혼율 증가와 가족해체 현상 · 소수의 인종 공동체의 사회적 고립 혹은 사회적 빈곤 계층화 · 인종에 따른 소득 격차로 인한 새로운 차원의 사회적 불평등 심화 · 사회적 일체감의 해체
3단계: 다문화 사회의 정착 단계	다문화 가족 내에서 2세가 사회진출하면서 이주민 공동체 재생산	· 이주민 2세의 인종적 정체성 혼란 · 교육 수준이 낮고 소득 수준이 낮은 이민자들에 대한 사회복지 부담의 증개(조세, 의료비와 교육비, 사회 서비스의 제공에 대한 부담) · 이주민 2세의 경우 가족 내에서 사회화를 통해 습득된 주류 사회의 문화사회에서 혼란과 갈등, 이들 집단의 범죄와 실업 문제 가시화. · 인종간 사회적 마찰의 증대 · 사회적 일체감의 해체 · 주류 문화에 대한 저항표면화(집단요소 등)로 인한 사회적 불안의 가중.

출처: 장미혜, "다문화 사회의 미래와 정책적 대응 방안" 《젠더리뷰(2008)》.

2. 다문화 현황

1) 이주노동자

범세계화 추세는 자본과 정보뿐만 아니라 사람의 이동을 촉발시키고 있으며, 국가와 민족의 경계를 넘나드는 이주노동을 더욱 증가시키고 있다. 이주노동은 국가와 지역 간에 일자리를 구할 기회와 임금의 격차가 있는 한 지속될 수밖에 없는 국제적인 현상이다. 시장경쟁력 강화에서 배제된 실업자는 자국 내에서 적당한 일거리를 찾지 못하고 결국 생존을 위해 다양한 경제 목적으로 이주를 감행하게 된다. 1970년대까지 우리나라는 노동력을 송출해 온 전형적인 인력 송출국이었으나 1990년대에 들어서면서 외국인 노동력의 수입국이 되었다.

우리나라에 외국인 노동자들이 처음 들어온 것은 1987년이었다. 노동자 대투쟁 이후 국내 노동자 임금이 상승하자 중국과 동남아 노동자들이 관광 또는 단기 방문 사증으로 입국하여 일을 하게 되면서부터였다. 그 후 1991년 해외에 투자한 국내 기업들이 현지에서 고용한 인력들을 국내에 유입함으로써 우리 사회에 외국인 노동자들이 공식적으로 등장하게 된다. 이를 단계별로 보면, 1단계는 1988년부터 1991년까지 국내 외국인 인력정책 부재의 시기이다. 이 시기는 정책에 의해 외국 인력이 도입된 것이 아니라 기업과 외국인 노동자들의 이해관계 속에서 무분별하게 유입이 되었고, 이들은 불법체류자가 되어 미등록 노동자의 신분으로 살아가야 했다. 2단계는 1992년부터 2003년까지 산업 연수제 시기이다. 정부는 해외 투자 기업 산업기술연수생제도를 공식 도입하여 미등록 노동자를 대체함으로써 불법체류자 문제와 인력 부족 문제를 동시에 해결하려고 하였다. 그러나 산업 연수생은 근로기준법상 근로자가 아닌 학생 신분으로 사회복지제도의 혜택에서 제외되어 인권침해의 논란이 끊이지 않았다. 또한 현지 브로커들에게 지불한 막대한 비용을 보전하기 위해 연수 업체를 이탈하여 더 좋은 조건의 직장으로 옮기는 일이 자주 발생함에 따라 이들이 불법체류 노동자로 전락하게 되었다. 3단계는 2003년부터 2007년까지 고용허가제와 산업 연수제 병행 시기이다. 2003년 외국인 근로자 고용 등에 관한 법률이 제정되었으나 산업 연수제를 존치하고 미등록 노동자를 선별적으로 합병하자는 중소기업의 반발로 두 제도를 병행하였는데 여전히 사업장 이탈 현상은 줄어들지 않았다. 4단계는 2007년부터 현재까지 고용허가제 시기이다. 2007년 1월부터 고용허가제로 일원화하였는데 이 역시 현지에서 이주노동을 선택하는 과정에서부터 입국 후 살아가는 노동 현장까지 공식 송출비용의 초과, 장시간 노동, 열악한 노동조건, 인권침해 등 많은 문제점이 드러나고 있는 실정이다.(평택대학교 다문화가족센터, 2007: 26-27) 법무부 발표에 의하면, 국내 이주노동자는 아래 표에서 보는 바와 같이 2010년 3월 31일 기준으로 총 560,708명이고, 이 중에서 합법체류자는 505,387명이며 불법체류자는 55,321명이다. 일반적으로 외국인 이주노동자라고 할 때는 저개발국 출신의 생산·기능직 종사자인 단순 기능 인력을 지칭하는데, 2007년 자료에 의하면 이들은 전체 외국인 이주노동자의 93%에 해당한다. 2010년 기준으로는 대략 52만 명 정도가 된다고 추산할 수 있다. 국적별로 현황을 보면, 조선족이라 불리는 한국계 중국인이 305,430명으로 압도적으로 가장 많고, 그 다음으로 베트남 출신이 51,953명, 필리핀 30,517명, 태국 25,541명 등의 순이다.

⟨국적별 외국인 이주노동자 현황⟩

구분	총체류자	합법체류자	미등록 체류자	
			16~60세	전체
총계	560,708	505,387	52,379	55,321
필리핀	30,517	23,723	6,779	6,794
몽골	12,745	8,684	4,048	4,061
한국계 중국인	305,430	295,462	7,500	9,968
중국	19,725	12,504	6,890	7,221
스리랑카	14,211	13,041	1,169	1,170
베트남	51,953	43,403	8,548	8,550
타이	25,542	21,779	3,744	3,763
인도네시아	25,168	21,138	4,029	4,030
우즈베키스탄	13,292	11,194	2,077	2,098
파키스탄	5,613	4,483	1,120	1,130
캄보디아	5,601	4,865	736	736
방글라데시	5,894	3,269	2,617	2,625
키르키즈스탄	715	598	116	117
네팔	5,738	4,674	1,063	1,064
미얀마	3,321	2,702	619	619
티모르민주공화죽	95	95	0	0
일본	1,415	1,413	1	2
미국	14,440	14,374	53	66
캐나다	5,419	5,395	22	24
영국	2,469	2,460	7	9
러시아	770	603	161	167
한국계 러시아인	2,099	2,074	14	25
호주	781	777	4	4
뉴질랜드	682	681	1	1
기타	7,703	5,996	1,061	1,077

자료출처: 출입국 외국인정책본부(통계 작성기준일: 2010년 3월 31일(단위: 명)

앞으로도 외국인 이주노동자의 한국으로의 유입은 더욱 증가할 것으로 전망되고 있다. 앞에서도 말한 바와 같이 범세계화로 인해 국가 간 자본의 이동이 자유로워짐에 따라, 자본의 이동을 통해 형성된 사회 연결망을 타고 저개발국 노동자들이 해외 취업의 기회를 찾아 나서는 전 세계적인 차원의 노동력 이동은 더욱 가속화될 것이다.

국내 차원에서도 노동력 유입 요인으로 지적되고 있는 인구 고령화와 출산율 저하로 인한 노동력 부족, 3D 업종에 대한 기피 현상의 심화 등의 현상이 지속 또는 심화되고 있는 형편이다. 이미 국내에 거주하는 외국인 이주자의 절반 이상을 차지하고 있고 또 그 비중이 계속 늘어날 것이 예상되고 있는 상황에서, 우리 사회가 이들과의 공존을 위해 노력해야 할 필요성이 제기되고 있다.(전숙자 · 박은아 · 최윤정, 2009: 222)

우리 사회에서 외국인 이주노동자의 증가는 자신들의 필요에 의해서 이주를 선택한 것이기도 하지만, 우리 사회의 필요로 인한 것이기도 하다. 우리 사회의 저출산과 고령화에 따른 인구구성의 변화 때문에 이주노동은 국내의 노동력 수요를 충족시키기 위해 반드시 필요한 인력이 되었다. 뿐만 아니라 대다수의 한국인들은 3D 업종을 꺼려하기 때문에 외국인 노동자들에게 의존하고 있는 형편이다. 일부에서는 외국인에 의한 내국인 일자리 잠식을 우려하기도 하지만 외국인 노동자들은 대부분 내국인들이 꺼려하는 3D 업종에 종사하고 있기 때문에 그러한 일은 거의 발생하지 않고 있다는 것이 전문가들의 분석이다.

하지만 우리 사회는 이주노동자들에 대해 개인적 · 일상적 차원 뿐 아니라 사회 · 정치 · 경제적 권리와 기회를 제한하고, 법 · 제도 차원에서 차별과 배제로 대응하고 있다고 평가되고 있어서 이에 대한 대책이 마련되어야 한다.

2) 결혼이주여성

우리나라에서 외국인 유입의 흐름을 보면, 1980년대 말에는 외국인 노동자들이 대량 유입되었으나 1990년대 중반부터는 외국인 결혼여성의 비율이 현저하게 증가하였다. 일반적으로 외국인 남성들의 이주는 노동을 중심으로 이루어지는 반면, 여성의 이주는 결혼이나 성산업과 관련된 취업을 위주로 이루어진다. 성매매 규제에 따라 성산업과 관련된 이주는 다수 주춤한 데 비하여 결혼을 통한 이주는 급격히 확대되면서 '남성 = 노동이주, 여성 = 결혼이주'라는 이주의 성별 구분이 더욱 선명하게 드러나고 있다.

1990년대 이전까지 우리 사회에서 국제결혼은 한국 여성이 미국이나 일본으로 결혼이주를 떠나는 것이 대부분이었다. 그러나 1992년 한중수교 이후 조선족 여성과 한국인 남성과의 결혼이 등장하였으며, 1998년에 2년 이상 한

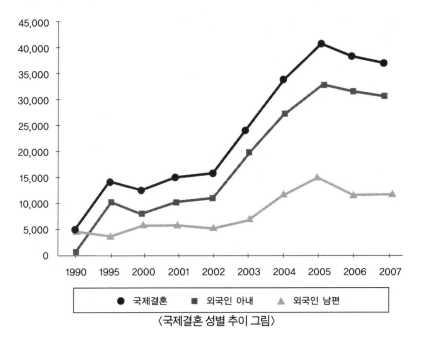

〈국제결혼 성별 추이 그림〉

국에 거주하며 혼인을 유지한 외국인 배우자에 한해 국적을 취득하도록 한 국적법을 개정하고, 2002년에 고용허가제를 도입한 이후 우리보다 사회경제적 수준이 낮은 중국과 동남아시아 외국인과의 결혼이 본격적으로 증가하게 되었다. 이러한 제도의 변화 외에도 출산율 감소와 농촌 지역 미혼 남성의 혼인의 어려움 등도 최근의 결혼이민자를 증가시키는 요인이 되고 있다.

〈국제결혼 성별 추이 표〉

연도	총 결혼건수	국제결혼		외국인 아내		외국인 남편	
		건수	비율(%)	건수	비율(%)	건수	비율(%)
1990	399,312	4,710	1.2	619	0.2	4,091	1.0
1995	398,484	13,494	3.4	10,365	2.6	3,129	0.8
2000	334,030	12,319	3.7	7,304	2.2	5,015	1.5
2001	320,063	15,234	4.8	10,006	3.1	5,228	1.6
2002	306,573	15,913	5.2	11,017	3.6	4,896	1.6
2003	304,932	25,658	8.4	19,214	6.3	6,444	2.1
2004	310,944	35,447	11.4	25,594	8.2	9,853	3.2
2005	316,375	43,121	13.6	31,180	9.8	11,941	3.8
2006	332,752	39,690	11.9	30,208	9.1	9,482	2.8
2007	345,600	38,491	11.1	29,140	8.4	9,351	2.7

출처: 통계청, 「인구동태」

위의 통계청 인구동태 통계에 따르면, 2007년 국제결혼 신고 건수는 38,491건으로 전체 결혼의 11.1%를 차지하며, 이 비율은 2005년 13.6%보다는 다소 감소했다. 우리 사회에서 국제결혼은 이제 더 이상 이례적인 일이 아닌 일반적인 현상이 되고 있다. 그 중에서도 국제결혼의 여성화 현상이 뚜렷하게 나타나서 한국인 남성이 외국인 여성과 결혼하는 경우가 전체 국제결혼의 약 75%를 차지하고 있다. 1994년까지만 해도 한국 남성과 외국 여성의 결혼이 한국 여성과 외국 남성의 비율보다 낮았으나, 1995년부터 반대 현상이 나타나기 시작해 현재까지 지속되고 있다. 그 이유는 우리 사회에서 결혼의 주변부로 밀려난 남성들이 결혼을 목적으로 이주하는 중국, 베트남, 필리핀, 태국, 몽골 등의 여성들을 배우자로 맞이하여 국제결혼을 하는 사례가 증가한 것과 밀접한 관련이 있다. 심지어 그 폭은 2003년도에 이르러 가파르게 증가하였다. 결혼이주여성의 거주지별 분포를 보면, 이들은 전국에 흩어져 거주하고 있지만, 서울과 경기도에 각각 4분의 1이 거주하여 결혼이주여성의 절반이 수도권에 집중되어 있는 것을 알 수 있다. 도시·농촌의 비율로 보면 도시에 75%, 농촌에 25%가 거주하고 있으나 농촌에서는 거주 인구 대비 결혼이주여성의 비율이 도시에 비해 높다는 점이 고려되어야 한다.

〈결혼이주여성의 거주지별 분포〉

	전 체		도 시		농 촌	
	인원(명)	비율(%)	인원(명)	비율(%)	인원(명)	비율(%)
전국	66,912	100.0	49,755	100.0	17,157	100.0
서울특별시	16,454	24.6	16,454	33.1	0	0.0
부산광역시	3,753	5.6	9,693	7.4	60	0.3
대구광역시	1,857	2.8	1,708	3.4	149	0.9
인천광역시	4,114	6.1	4,028	8.1	86	0.5
대전광역시	1,426	2.1	1,426	2.9	0	0.0
광주광역시	1,301	1.9	1,301	2.6	0	0.0
울산광역시	996	1.5	756	1.5	240	1.4
경기도	16,681	24.9	12,630	25.4	4,051	23.6
강원도	2,142	3.2	866	1.7	1,276	7.4
충청북도	2,176	3.3	880	1.8	1,296	7.6
충청남도	3,047	4.6	874	1.8	2,173	12.7
전라북도	2,955	4.4	1,406	2.8	1,549	9.0
전라남도	3,250	4.9	764	1.5	2,486	14.5
경상북도	2,892	4.3	1,013	2.0	1,879	11.0
경상남도	3,288	4.9	1,584	3.2	1,704	9.9
제주도	580	0.9	372	0.7	208	1.2

출처: 통계청, 「인구동태」(2005)

3) 다문화 가정 자녀

1990년대 중반부터 국제결혼이 급속도로 증가하면서 학령기를 맞이하는 그 자녀들의 수 역시 매년 증가하였다. 교육과학기술부의 자료에 의하면, 2010년 4월 현재 전국적으로 다문화 가정 초·중·고교 재학 자녀는 31,788명으로 1년 전보다 21.4% 늘었고, 조사가 시작된 2006년과 비교해 보면 4배 가까이 늘어난 수치이다. 학교별로 보면, 2007년에 전체의 3분의 2를 차지했던 초등학생의 증가율은 급격하게 떨어지고 있는 반면에, 중학생과 고등학생의 증가율은 더 높아지고 있다.

이것은 국제결혼이 본격적으로 시작된 시기가 20년 가까이 접어들면서 이들의 자녀가 성장하기 때문이며 앞으로 5년 후가 되면 본격적으로 성인기에 들어서는 다문화 가정의 자녀들이 나타나게 될 것이라는 점을 알려 준다.

〈다문화 가정 자녀 증가 추이〉

구분	초		중		고		계	
	인원	증감(%)	인원	증감(%)	인원	증감(%)	인원	증감(%)
2006	6,795	·	924	·	279	·	7,998	·
2007	11,444	68.4	1,588	71.9	413	48.0	13,445	68.1
2008	15,804	38.1	2,213	38.9	761	84.0	18,778	39.6
2009	20,632	30.5	2,987	35.0	1,126	48.0	24,745	31.8
2010	23,602	14.4	4,814	61.2	1,624	44.2	30,040	21.4

출처: 교육과학기술부, 「다문화 가정 자녀현황」 (2010)

이 중 국제결혼 자녀의 시·도별 재학 통계를 보면, 전체 30,040명의 12.9%인 3,888명이 서울에 재학했고, 국제결혼 가정 재학생이 가장 많은 경기도에는 전체의 22.3%인 6,688명이 몰려 있다. 이어 전남(2,892명), 경남(2,157

명), 충남(2,093명), 전북(1,999명), 경북(1,812명), 강원(1,707명), 인천(1,462명), 충북 (1,392명), 부산(1,245명), 대구(751명), 광주(705명), 대전(543명), 울산(430명), 제주(276 명) 순으로 집계되었다. 전체 1,748명인 외국인 근로자 가정 자녀 역시 서울 (693명)·경기(489명)·인천(133명)등 수도권에 몰려 있다.

<국제결혼가족 학생현황>

구분	학교수				학생수			
	초등학교	중학교	고등학교	계	초등학교	중학교	고등학교	계
서울	511	225	102	838	3,108	584	196	3,888
부산	233	97	45	375	978	197	70	1,245
대구	225	65	30	320	606	115	30	751
인천	194	82	48	324	1,171	209	82	1,462
광주	128	50	19	197	567	104	34	705
대전	108	51	19	178	409	98	36	543
울산	90	34	12	136	349	62	19	430
경기	911	377	223	1,511	5,029	1,144	515	6,688
강원	281	106	44	431	1,341	289	77	1,707
충북	199	82	35	316	1,089	241	62	1,392
충남	327	127	65	519	1,565	399	129	2,093
전북	297	71	33	401	1,674	250	75	1,999
전남	343	449	106	898	2,337	449	106	2,892
경북	354	142	42	538	1,475	262	75	1,812
경남	351	153	49	553	1,677	377	103	2,157
제주	75	20	11	106	227	34	15	276
계	4,627	2,131	883	7,641	23,602	4,814	1,624	30,040

출처: 교육과학기술부, 「다문화 가정 자녀현황」 (2010)

또한 부모들의 출신국별 분포는 전체의 36.4%인 일본이 가장 많은 것으로 나타났고, 다음으로 중국, 조선족, 필리핀, 베트남 순이었다.

시·도	부모출신국별																	
	일본	중국	조선족	대만	몽골	필리핀	베트남	태국	인도네시아	남부아시아	중앙아시아	미국	러시아	유럽	아프리카	오세아니아	기타	계
서울	1,432	794	446	72	88	401	138	74	31	77	53	69	72	42	8	8	83	3,888
부산	358	202	177	16	4	183	53	19	23	17	22	19	61	19	8	2	62	1,245
대구	250	155	82	16	1	120	49	15	3	14	8	8	8	5	1	·	16	751
인천	417	284	200	27	28	209	82	33	15	45	18	22	27	9	2	1	43	1,462
광주	275	144	43	4	7	154	28	11	2	2	3	4	3	2	2	2	19	705
대전	211	86	71	6	6	46	23	13	7	3	14	22	17	6	3	1	8	543
울산	148	60	59	10	8	61	40	3	0	5	5	7	6	2	1	2	13	430
경기	2,584	1,103	620	70	134	993	297	193	68	121	89	78	117	39	12	13	157	6,688
강원	687	240	243	7	4	368	49	51	2	6	12	3	12	5	1	1	16	1,707
충북	531	220	192	15	19	256	53	44	7	9	9	5	11	6	·	·	15	1,392
충남	769	479	274	10	11	325	98	42	9	16	16	5	11	5	2	·	21	2,093
전북	682	351	319	4	15	479	54	33	6	2	18	2	10	5	·	2	17	1,999
전남	1,109	456	237	3	15	815	100	87	8	18	8	10	4	5	·	2	15	2,892
경북	576	258	403	8	7	308	110	57	17	10	11	13	9	4	·	2	19	1,812
경남	807	321	258	10	14	373	116	51	11	24	8	12	8	11	2	7	124	2,157
제주	101	51	25	8	·	51	16	1	·	2	3	4	3	4	·	1	6	276
합계	10,937	5,204	3,649	286	361	5,142	1,306	727	209	371	297	283	379	169	42	44	634	30,040
비율(%)	36.4	17.3	12.1	1.0	1.2	17.1	4.4	2.4	0.7	1.2	1.0	0.9	1.3	0.6	0.1	0.1	2.1	100.0

출처: 교육과학기술부, 「다문화 가정 자녀현황」(2010)

　　서울시 교육청 자료에 의하면, 서울에 있는 다문화 가정 자녀는 5,222명이고, 초등학생이 3,492명으로 전체 다문화 가정 자녀의 66.8%, 중학생이 824명으로 15.7%, 고교생이 289명으로 5.5%를 차지했다. 유치원생은 617명으로 11.8%이다. 학교급별로 지난해 대비 1년 동안 초등학생이 27.9%, 중학생이 55.2%, 고교생이 51.3% 늘어났다. 상급학교로 진학할수록 수도권 등 도시 지역으로 학생이 쏠리는 현상이 다문화 가정 자녀에게도 반영되기 시작한 결과로 분석된다.

농촌 지역의 경우 전체 학생 수가 적어서 다문화 가정 자녀가 두드러져 보이지만, 다문화 가구가 직업을 찾아 수도권 등 도시 지역으로 이동하기 때문에 도시 지역에서도 다문화 가정 자녀 재학생이 늘고 있다.

도시 지역에서는 전체 학생 수가 많기 때문에 다문화 가정 학생이 부각되지 않는 측면이 있지만, 이와 같이 서울과 경기 지역 학교에 다니는 다문화 가정 자녀가 늘고 있다는 점에서 농촌뿐 아니라 도시 지역에서도 다문화 사회에 대응하는 대책 마련이 시급한 실정이다.

또 한 가지 중요한 사실은 다문화 가정 학생 중 중도 탈락자가 꾸준히 늘고 있다는 점이다. 입학 자체를 하지 않았거나 중도에 탈락하는 등의 사유로 학교 밖에 있을 것으로 파악되는 아동의 비율이 초등학교보다는 중학생, 중학생보다는 고등학생이 높은 것으로 나타났다. 전체 자녀들 중 초등학생에 해당하는 만 7세에서 12세 아동 18,691명이 거주하는 것으로 조사됐으나, 이 중 2,887명(15.4%)이 학교에 다니지 않는 것으로 파악되었다. 중학교 취학연령 자녀는 3,672명 중 1,459명(39.7%)이 학교 밖에 있었고, 고등학생의 경우 2,504명이 거주하는 것으로 조사되었으나, 동 연령대의 다문화 가정 자녀가 학교 밖에는 무려 1,743명(69.6%)이나 되었다. 전체 초 · 중 · 고교에서 2007년에 90명이었던 중도 탈락자 수는 2008년 221명, 2009년 223명으로 늘었다. 이 기간에 학업 중단율도 0.6→1.1→0.9%로 다소 상승하는 추세였다. 그리고 불법체류자나 난민 출신 가정이 많은 외국인 근로자 가정 출신 학생의 학업 중단율은 2007년 1.2%, 2008년 5.3%, 2009년 5.4%로 급증세를 보인 것으로 집계되었다. 또한 상급학교로 가면서 학교생활의 어려움 등으로 미진학, 중도탈락 비율이 15.4%(초) → 39.7%(중) → 69.6%(고)로 2배 정도씩 증가하고 있는 것으로 조사되었다.

이러한 다문화 가정 자녀의 '탈 학교율'은 일반 가정 학생들과 비교해 볼 때 크게 차이가 나서 심각성을 더해 주고 있다. 일반 가정 학생들은 초등학교의 경우 거의 모든 아동이 취학하고(미취학율 0.4%), 중학교의 경우도 취학 대상 중 96%의 아동이 취학하고 있으며, 고등학교의 경우 취학률이 91.3%이다. 다문화 가정 자녀와 비교해보면, 다문화 가정 '탈 학교율'이 일반 가정 학생들보다 초등학교의 경우 22배나 높으며, 중학교는 9.9배, 고등학교는 8배 높은 것으로 나타났다. 2005년에 실시한 보건복지가족부의 실태 조사에 의하면 결혼이민자 취학 자녀의 11.5%가 학교생활에 어려움을 겪고 있고, 집단 따돌림을 경험한 비율이 5.3%로 나타났다. 이로써 다문화 가정 아동들의 학교생활, 상급학교 진학 등에 어려움을 겪을 것으로 추정된다. 이는 내국인의 피가 섞인 국제결혼 출신의 다문화 가정 학생에 비해 순수 외국인인 경우가 대부분인 외국인 근로자 다문화 가정 출신 학생이 학교에서 더 적응하지 못하고 있는 것으로 풀이된다.

하지만 현재 전국에는 학력이 인정되는 다문화 가정 학생을 위한 대안학교는 없다. 또한 불법 체류자의 경우 중학교 학칙 때문에 초등학교까지 다니는 경우가 대부분이므로 이에 대한 대책 마련이 시급하다.

3. 다문화 사회의 문화 갈등

국내 이주 외국인의 수가 폭발적으로 증가하는 상황에서 외국인과 내국인 사이에 문화적인 갈등이 빚어질 가능성은 매우 높다. 또한 이미 그러한 갈등이 발생하고 있는 현실이다. 외국인들의 절대 수가 크게 증가하고 있는 도시뿐만 아니라 농어촌 지역은 국제결혼으로 인해 이주여성이 크게 유입되고 있고 이들과 이루고 있는 다문화 가정이 주변에 널리 퍼져 있어 인구에 비해 상대적으로 외국인들의 수가 많기 때문이다.

대부분의 한국인들에게는 순수 혈통의 단일민족이라는 관념이 뿌리 깊게 자리 잡고 있다. 이런 상황에서 외국인이 밀려오고 일상생활의 여러 측면에서 이들과 부닥치게 되었을 때는 예기치 않았던 여러 가지 갈등 요소가 수면 위로 떠올라 우리 사회를 크게 위협하는 요소로 작용할 가능성이 있다.

우리 사회가 다문화 사회로 접어들면서 발생할 수 있는 문제들은 다음과 같은 것들이다.

첫 번째 문제는 이주민에 대한 차별이다. 이주민들의 입장에서는 '다문화'라는 말 자체가 편견이 담긴 말로 여겨져 어려움을 겪는다고 말한다. 다문화 가정의 가족들이 가장 듣기 싫어하는 말은 놀랍게도 "다문화 가정의 아이"라는 말 자체이다. "다문화 가정의 아이"라는 말은 과거에 썼던 '혼혈아'라든가

속되게 표현했던 '튀기'라는 말에 비하면 매우 순화된 말이다. 그러나 외국인의 입장에서 한국인들이 "이 아이는 다문화 가정의 아이야."라고 하는 말은 "이 아이는 우리 같은 한국인이 아니야."라는 의미가 되고 그 순간 한국인의 자녀들과 자신들의 자녀들을 구별하여 선을 긋는 느낌을 아주 강하게 받는다고 한다.

게다가 경제주의식 사고에 크게 영향을 받고 있는 한국인들은 우리보다 경제 사정이 좋지 않은 동남아시아에서 온 외국인들에게 특히 적대감을 강하게 드러내고 있다. 버스나 지하철 안에서 서양인들이 대화하는 것은 그냥 지켜보면서도 동남아시아인들이 대화하는 것에 크게 화를 내는 한국인들이 많다는 이야기는 흔히 듣는 이야기이다. 심지어 특정 국가에서 온 사람들을 '파퀴벌레'라고 까지 표현하며 인격 모독을 하는 경우조차 있다.

최근에는 연예계에도 혼혈인들이 대거 등장하고 꽤 주목을 받는 사례도 있어 다문화 사회를 반영한다는 평가도 있지만, 대중문화계에 등장한 혼혈인들은 모두 백인계 혼혈인들일 뿐 아시아인과의 혼혈인 코시안, 흑인 혼혈 등 유색인 혼혈인은 좀체 보기 힘들다.

이러한 외국인에 대한 편견과 차별은 내외국인의 갈등을 심화시켜 범죄로까지 이어질 수 있다. 한 일간지 보도에 의하면, 국내에 체류하는 외국인들의 강력 범죄가 크게 늘고 있다. 2006년 12,657건에서 2010년 22,543건으로 4년 사이에 1만 건 가까이 증가했다. 전문가들은 편견에서 비롯된 우리 국민들의 외국인에 대한 인격 무시와 차별 대우, 가혹 행위도 외국인 범죄를 부추기는 요인이라고 지적하고 있다.

특히 최근에 있었던 중국 교포의 한국 여성 납치 살해 사건과 같은 범죄 행위들은 이들을 무조건 '범죄 집단'시 하게 될 우려도 있다. 외국인범죄가 증가하고는 있지만 인구 기준 외국인범죄율은 한국인의 범죄율에 비하면 훨씬 낮은 수준이다. 또한 가해자와 피해자의 국적을 구분하면, 외국인이 피해자인 범죄 건수가 외국인이 가해자인 범죄 건수보다 훨씬 많은 실정이다. 따라서 이주노동자나 교포들을 잠재적인 범죄자로 취급하는 것은 적절하지 않다.

외국인 노동자들의 경우 저임금과 체불 등으로 경제적으로 어려워 생계형 범죄에 빠지기 쉽고, 혼자 사는 비율이 높아 정서적으로 외롭고, 갈등을 원만하게 풀어나갈 사회연결망도 부족한 상태이다. 이러한 상황이 이주노동자나 국내 거주 교포들이 범죄를 저지르게 되는 상황으로 몰고 가게 한다. 따라서 이들을 우리 사회 공동체 구성원으로 인정하고 심리적으로 안정을 찾을 수 있게 소통하는 것은 외국인 범죄를 낮추는 중요한 방법이다.

〈외국인 범죄 단속 현황〉 (단위: 건)

연도	총계	살인	폭력	강도	강간	절도	지능	마약	기타
2006	12,657	72	2,483	107	68	971	6,229	73	2,654
2007	14,524	54	3,369	118	114	1,213	5,685	231	3,740
2008	20,623	85	4,940	133	114	1,343	7,472	694	5,842
2009	23,344	103	5,322	260	126	2,001	4,792	778	9,962
2010	22,543	83	5,885	221	156	1,741	4,487	720	9,250

〈자료: 경찰청〉

실제로 '2009년 전국 다문화 가족 실태 조사'에서는 결혼이민자에 대한 차별이 여전하여 남성 결혼이민자의 52.8%, 여성 결혼이민자의 34.8%가 외국인이라는 이유로 차별 대우를 받은 적이 있는 것으로 드러났다. 차별 대우를 받았거나 차별에 대한 인식이 여성보다는 남성에게 매우 높음을 알 수 있다. 농촌보다는 도시에서, 연령과 학력이 높을수록, 그리고 체류 기간이 길어질수록 차별 대우를 받은 적이 있다는 응답은 더 높게 나타나고 있다. 외국인 아내들은 남편의 가족을 벗어난 친족망에 쉽게 편입되지 못하는 경우가 종종 있으며, 후진국에서 왔다고 무시하는 가족과 이웃들로 인해 일상생활을 하는

데 어려움을 겪는 것으로 나타났다.

또한 무조건 돈을 위해 한국에 왔다고 생각하거나, 도망갈 것이라고 생각하는 등의 편견으로 인해 고통을 받기도 한다. 그리고 한국인 배우자들도 이러한 편견을 갖고 있어서 외국인 배우자의 자존감을 떨어뜨리고 무시한다. 그래서 국제결혼 사실을 숨기거나 부정하기도 함으로써 부부 관계 및 가정생활에서의 안정성에 부정적으로 작용하기도 한다.(김영주, 2006: 41-42)

한 일간지에서 실시한 조사에서 "당신 자녀의 학교에서 결혼이주자 자녀가 반장이 되어도 괜찮으냐"는 질문에 응답자의 92.2%가 "그렇다"고 응답하였다. 그러나 "베트남인 또는 필리핀인과 어느 정도의 사회적 관계를 허용할 수 있느냐"는 질문에 대해서는 가까운 이웃(39.6%), 절친한 친구(36.2%), 직장 동료(14.0%), 배우자(7.2%), 자녀의 배우자(3.0%)순으로 나타났다. 이것은 우리가 아직 외국인을 가족으로 받아들이는 단계에까지 이르지 못하고 있음을 잘 보여 준다. 특히 지난 19대 총선에서 새누리당 비례대표 이자스민 씨가 당선되자 온라인상에서는 인신공격성 발언들이 터져 나오기도 하였다. 매매혼 출신이라든가 불법체류자라는 사실과 다른 주장까지도 이어졌다. 그의 정치적 입장과 자질에 대해서는 비판할 수 있어도 인종차별주의에 따른 비판은 바람직하지 않다. 이에 따라 이주민들은 다문화 가정을 특별하게 대하는 차별 정책보다는 다문화 가정도 여느 한국 가정의 하나로 대하는 인식의 개선이 필요함을 주장하고 있다. 우리는 한국 전쟁 이후에 출생한 다수의 혼혈아들을 외국으로 입양시킨 가슴 아픈 역사를 가지고 있다. 해외 입양으로 고아 수출국이라는 오명까지 갖게 되었으나 본래는 전쟁고아들 중에 특히 혼혈아들에 대한 차별과 냉대가 심해 그들을 외국으로 입양보내기 시작한 것이 해외 입양의 시초였다. 이렇듯 좋지 않은 역사를 안고 있지만 앞으로는 다문화 가정을 품을 수 있는 사회적 포용성을 길러야 한다.

두 번째 문제는 다문화 가정의 문제이다. 외국인들이 국내에 이주하여 겪게 되는 문화 갈등은 제일 먼저 의사소통의 어려움에서 온다. 이웃들과 대화하는 데 불편할 뿐만 아니라 국내에서 출생한 자신의 자녀와 의사소통하는 데에도 어려움을 겪게 된다.

그 다음은 일상생활의 변화이다. 새로운 사회 환경에서는 아주 단순한 일 처리에도 커다란 정신적 부담을 받게 되고 많은 시간을 허비하게 된다. 또 하나의 문화 갈등은 관계의 변화에서 비롯된다. 본국에서는 다른 사람들에게서 자신의 존재를 인정받고 살았으나 한국에서는 본국에서의 모든 정체성을 잃게 되기 때문에 어려움을 겪는다. 마지막으로 가치관의 혼돈이다. 한국인의 정서와 규범이 본국과는 다르기 때문에 번번이 오해를 받고 시행착오를 겪게 된다. 다문화 가정의 부부들은 실제로 결혼 초기부터 친밀한 관계를 형성하는데 많은 어려움을 겪게 된다. 짧은 기간에 결혼이 진행되면서 서로에 대해 알 수 있는 시간적인 여유가 거의 없는 데다, 서로 다른 언어와 문화적 차이에서 오는 갈등이 더 크게 작용하고 있기 때문이다.

한 조사에 따르면, 국제결혼한 부부 중 90% 이상이 한국어로 대화를 하며, 필리핀 부인은 53%가 한국어와 영어를 동시에 사용하고 있는 것으로 밝혀졌다. 반면에 베트남 부인들 중 약 9% 정도는 부부간 대화가 거의 없는 실정이다.(설동훈, 2005: 19-25)

한국인 배우자가 낯선 언어와 문화 속에 있는 외국인 배우자의 현실적인 어려움을 배려하지 않아 부부간 갈등이 야기되며, 그 갈등이 신체적 · 정서적 폭력이라는 극단적인 형태로 표출되기도 한다.(김상임, 2004)

한국어 구사 능력의 부재는 다문화 가정의 적응 및 각종 사회문제를 발생시키는 원인이 될 뿐 아니라, 결혼이주여성의 경우 남편과의 관계에서 취약한 입장에 놓이도록 하여 남편에게 의존할 수밖에 없도록 만드는 요인이 되기도 한다. 언어적 의사소통의 불편함은 이주여성들의 가장 큰 어려움으로 확인되고 있다.(강혜경·정미선, 2004: 41)[1] 또한 가정과 지역사회 내에서 의사소통은 이들의 생활 만족이나 한국 생활 전체에 크게 영향을 미치는 것으로 밝혀지고 있다.(강기정·변미희, 2009: 126)

또한 다문화 가정이 겪는 경제적인 어려움은 매우 심각한 상태이다. '2009년 전국 다문화 가족 실태 조사'[2] 결과 한국인이 외국인과 결혼해 꾸린 다문화 가정 10가구 가운데 6가구의 한 달 평균 가구 소득이 200만 원 미만인 것으로 조사되었다. 우리나라 전체 가구의 한달 평균 가구소득은 332만2000원인데 비해 다문화 가정의 한달 평균 가구소득은 100만 원 미만이 21.3%, 100만~200만 원 미만이 38.4%로, 전체의 59.7%가 200만 원 미만의 소득으로 생활하고 있다. 이런 낮은 소득 탓에 2009년 한 해 동안 사회보험료 또는 전기·수도세 등을 내지 못하거나, 병원 이용을 포기·중단한 경험을 가진 이들이 30%에 이르렀다.

이처럼 다문화 가정의 경제적 수준은 매우 심각한 것으로 나타난다. 여성 이민자와 결혼한 한국인남편들의 직업유형을 살펴보면 육체노동직과 자영업이 가장 많으며, 남편의 경제적 지위가 낮을수록 외국인 아내들이 취업을 하여 가계에 보탬이 되려는 경향을 보이고 있다.

경제생활과 관련하여, 많은 경우 한국인 남편이 모든 살림과 경제권을 가

---

1) '2009년 전국 다문화 가족 실태조사' 결과에서도 다문화 가정이 한국에서 살아가는 데 가장 힘든 점으로는 남성 결혼이민자는 경제문제(29.5%), 여성 결혼이민자는 언어문제(22.5%)를 각각 꼽았다.
2) 보건복지부가 한국보건사회연구원과 한국이민학회에 의뢰해 2009년 7~10월 결혼이민자 13만1000명을 대상으로 실시한 것으로, 국내 최초의 전수조사다.

지고 외국인 아내에게는 소액의 용돈이나 필요한 돈만을 지불하는 관리 방식을 취함으로써, 경제권을 둘러싼 부부간의 갈등이 발생하기도 한다.(모선희 외, 2008: 18)경제적 무능력은 결혼이민자의 주요한 이혼 사유이기도 하다. '2009년 전국 다문화 가족 실태 조사' 결과, 이혼·별거 이유로는 성격 차이 29.4%, 경제적 무능력 19.0%, 외도 13.2%, 학대와 폭력 12.9%, 심각한 정신장애 및 기타 9.8%, 음주 및 도박 8.7%, 배우자 가족과의 갈등 7.0% 등의 순서로 나타났다. 자녀가 없는 경우 성격 차이로 인한 이혼·별거율이 높고, 자녀가 많을수록 경제적 무능력 때문에 이혼·별거한 경우가 많았다.

세 번째 문제는 이주민들이 새로운 사회계층을 형성하게 될 가능성과 관련된다. 현재 대부분의 이주노동자들은 대개 하류층에 속해, 농어촌을 중심으로 하는 국제결혼도 대부분 중하류층에 속하는 사람들이다.

미국에서도 청소는 히스패닉계, 세탁은 한국계, 상가는 중국계가 점유하고 있는 것과 같이 이주민들이 한동안 한국사회에서 또 하나의 하류 계층을 형성할 가능성이 높다. 특히 이주노동자들은 대개 3D업종에 종사하는 경우가 많고, 이들 중 상당수가 임금 체불의 경험이 있어 우리 사회에 대한 불만이 증폭될 우려가 있다.

이러한 문제들로 인해 갈등을 겪는 이주민들 또는 다문화 가정의 자녀들이 심각한 사회 불만 세력을 형성하게 될 가능성도 있다. 최근에 벌어진 이주민들에 의한 범죄 행위도 심각하지만, 현재 우리 사회에서 소수자인 다문화 가정의 자녀들이 앞으로 5년, 10년 후에는 인구의 20%에 달하게 되고 성인으로 성장한 후에 그들 안에 내재된 억압을 밖으로 표출하면 더욱 커다란 사회 문제가 될 수 있다.

이러한 다양한 문제들이 수면 위로 드러나게 되면 매우 폭력적인 결과가 나타날 수 있음을 최근에 있었던 노르웨이 테러 사건은 여실히 보여 주고 있다. 우리 사회의 다문화와 관련된 문제에 대해 보다 깊은 관심과 주의가 필요한 시점이다.

4. 다문화 사회 모형

다문화 사회의 대표라 할 수 있는 미국은 나라 자체가 이민에 의해 형성된 경우이다. 18세기 말부터 미국에서는 다문화에 대한 논의가 시작되었고, 희곡 "용광로"에서 기인하는 용광로 이론은 다양한 민족이 살아가면서 겪어야 할 미국의 이상으로서 중요한 역할을 수행하게 되었다. 이후 다문화 사회에 대한 다양한 이론과 모델이 발전하였는데, 다문화 사회에 대하여 외국인 정착 정책을 중심으로 연구한 설동훈 교수는 한 사회에서 외국인의 정착을 받아들이는 정책의 유형을 세 범주로 구분하였다(설동훈, 2005).

첫째로, 차별배제모형은 국가가 특정 경제영역에만 외국인을 받아들이고, 복지 및 여러 정치, 문화, 사회 영역에서는 받아들이지 않음으로써 원치 않는 외국인의 정착을 원천적으로 차단한다. 독일, 일본, 한국 등 단일민족을 강조해 온 국가들이 이러한 모형을 채택하고 있다고 볼 수 있다. 그러나 경제의 세계화라는 거대한 흐름과 전문직 종사자들의 이동, 결혼이민자들의 증대와 맞물려 차별배제모형은 점차 그 입지가 제한되고 있다.

둘째로, 동화모형은 이민자가 출신국의 언어 · 문화 · 사회적 특성을 완전히 포기하여 주류 사회의 일원이 되는 것을 이상으로 하며 1960년대까지 미국의 '용광로(melting pot)정책'으로 프랑스도 이러한 모형을 채택했다고 본다.

곧 주류 사회가 자국 사회의 일원이 되기를 원하는 이민자에게 문화적 동화를 대가로 사회의 일원으로 인정하는 정책이며, 주류 사회의 언어를 습득할 수 있도록 돕고, 이민자의 자녀를 정규학교에 취학하는 것을 지원함으로써 동화가 순조롭게 이루어질 수 있도록 한다.

셋째로, 다문화 모형은 이민자가 그들만의 문화를 지키는 것을 인정하고 장려하며, 정책의 목표를 소수민족의 주류 사회로의 '동화'가 아닌 '공존'에 둔다. 다문화 모형은 흔히 '샐러드 그릇'(salad bowl)에 비유되는데, 이는 샐러드가 각기 다른 형태와 맛을 가진 각종 채소와 과일들이 모여 공통의 드레싱에 의해 공평하고 동등하게 뒤섞이기 때문이다. 유사한 표현으로 '인종 모자이크'(ethnic mosaic)또는 '무지개 연합'(rainbow coalition)이 사용되기도 한다. 인종 모자이크란 이민자가 출신국에 따른 특성을 간직하면서 전체사회를 조화롭게 구성함을 나타낸다. '무지개 연합'은 무지개가 서로 다른 색들의 수평적 공존을 통해 아름다운 조화를 만들어내는 것을 빗댄 표현이다. 그리고 각각의 악기가 지휘자의 지휘봉에 맞추어 화음을 이루는 오케스트라로 표현되기도 한다.

이러한 다문화 모형은 다시 문화다원주의(cultural pluralism)와 다문화주의(multiculturalism)으로 세분화할 수 있다. 이 둘은 다양성을 인정하고 사회 통합을 추구한다는 점에서는 유사하지만, 문화다원주의는 문화의 다양성과 다원성을 인정하면서도 주류 사회가 존재함을 분명히 하고, 여러 다양한 소수민족이 존재함을 인정하는 정도의 소극적인 다문화 모형이다. 이에 비해 보다 발달된 개념인 다문화주의는 주류 사회의 중요성을 부각하기보다는 다양한 문화가 평등하게 인정되어야 함을 강조한다. 미국은 문화다원주의를 받아들여 주류 문화에 대해 비교적 확고한 정책을 고수한다. 소수민족과 이민자들에게 포용적이지만 그들의 고유문화를 유지하도록 지원하는 데에는 소극적이다. 이와 달리 캐나다와 호주에서는 다문화주의를 채택해 국가가 적극적으로 개입해 소수민족과 이민자의 고유문화를 발전시키는데 도움을 주고 있다.

우리나라는 공식적으로 이민을 허용하지 않는 차별배제모형을 채택하고 있다. 그러나 증가하는 외국인 인구와 그들과 함께 들어오는 다양한 문화가치들을 공유하고 포용하기 위해서는 국가 차원의 정책적 노력이 필요할 것이다. 특히, 우리나라와 같이 단일민족의 신화가 있는 나라에서는 어떠한 정책이 우리 사회에 불안과 위협을 가하지 않으면서도 이주민들을 효과적으로 통합할 수 있는지에 대한 깊이 있는 논의가 필요하리라고 본다.

다문화 사회로 이행하는 초기 단계에 있는 우리 사회는, 이민을 공식화하는 차원을 넘어 이민을 통해 국가가 완성된 이민 국가들과는 달리 외국인의 수도 아직까지는 절대적으로 적은 편이나 최근 급속히 증가하는 외국인 수를 볼 때 그들을 우리 사회의 이방인이 아닌 우리와 동등한 사회구성원으로 인정하기 위한 관점의 전환이 절실히 요구되고 있다.

한편, 다양성을 가진 사회에서 다문화주의가 모든 해결책을 제시하지는 않는다는 점도 고려해야 한다. 한 사회 안에서 다문화 사회에 관한 조치나 접근은 때로는 위험을 초래하고 사회·정치 통합에 큰 위협을 초래할 수 있다. 인종과 문화의 차이나 특수성을 존중하는 좋은 의도에서 출발한 다문화주의가 때로는 역효과나 역차별을 가져올 수 있으며, 전체주의적인 사고로 개인이나 여러 집단을 고립시키거나 분열시킬 수 있기 때문이다.

다문화주의가 가져올 수 있는 첫 번째 위험성은 문화 공동체 안에서 개인이 고립되는 것이다. 개인이 단 하나의 문화에만 소속되어야 한다는 배타주의적인 다문화주의 개념에 휩싸이게 되면 집단들 간의 경계를 명확하게 하고, 보호와 존속을 목표로 자신들만의 집단을 만들게 된다. 이러한 다문화주의는 개인을 하나의 문화 집단에 귀속시키며 한 가지의 정체성을 강제로 부과하고, 그 집단 안에서 개인의 정체성 변화 등을 전혀 고려하지 않는다. 그런 다문화주의의 영향을 받게 되는 개인은, 그 집단 안에서 외부와 단절된 상태에서 고립되어 집단 속에서 자신의 존재감을 잃게 될 수도 있다. 그리고 자민족 공동체 안에서 자신들만의 장벽을 더 공고하게 만들어 사회 통합에 장애가 될 수 있다.

두 번째 위험성은 다문화주의라는 새로운 도덕질서이다. 다양성을 인정하는 사회에서 개인이나 집단의 정체성과 특수성에 위배되는 말나 행동을 하게 되면 다문화주의에 위배된다고 하여 도덕적이지 못하다는 비판을 받게 된다. 만약 그렇다면 다문화주의 정책은 사회·문화적인 불평등 해소를 위한 것이 아니라, 사회의 도덕 질서를 정의하고 정립하려는 또 하나의 이데올로기가 될 수 있다. 다문화주의가 하나의 이데올로기가 된다면, 다문화주의를 비판하는 사람은 비도덕적인 사람이나 인종차별주의자로 낙인이 찍혀서 사회에서 매도될 것이다. 이것은 오히려 화합을 이루는 데 장애가 될 것이다.

세 번째 위험성은 소수자 중심의 사회이다. 다문화 사회에서 다양성과 특수성을 가진 개인이나 집단이 늘어나면서 소수와 다수의 경계도 애매할뿐더러 소수집단의 특수한 정체성과 욕구를 충족하기 위한 공식 인정과 재원, 특별 대우 등을 요구하게 됨에 따라 소수집단과 다수 집단 사이, 그리고 소수집단들 사이에 경쟁과 분열 갈등을 조장하게 되는 문제가 발생할 수 있다.

마지막으로 다양성 논쟁을 통한 사회·경제적 불평등의 은폐이다. 다문화주의를 좁은 의미의 문화 측면만을 거론하는 경우, 소수집단이 겪는 사회, 정치, 경제적 불평등이 논의에서 제외될 수 있다는 점이다. 문화의 차이뿐만 아니라 실제 일상생활에서 겪게 되는 다양한 문제들에 관심을 가져야 한다.(평택대학교 다문화가족센터, 2007)

5. 다문화 사회 정착을 위한 준비

1) 다문화 사회의 시민교육

다문화 사회로의 전환 단계로 접어들고 있는 시점에서 무엇보다도 중요한 것은 다문화 사회에 걸맞은 시민교육이다. 반만년 역사 동안 단일민족을 지켜왔다고 자랑처럼 학교에서 가르쳐왔다. 이제 한국사회는 공동체의 성격이 변화하는 데 대해서 사회적·교육적 차원의 대비를 해야 한다. 정부가 결정해야 하는 정책적이고 법적인 문제부터, 일상생활 속에서 각 개인이 외국인 또는 다문화 가정의 자녀와 함께 어떻게 갈등 없이 조화롭게 공존할 것인가 하는 문제까지 다문화 사회에서의 바람직한 시민의 자질과 교육의 문제와 함께 생각해 보아야 한다.

한국인들의 편견과 차별적 행동이 복합적으로 작용하여 발생하고 있는 데에는 의식 및 가치관이 자리 잡고 있다. 그러므로 이에 대한 변화가 가장 근본적인 해결 방법이 될 것이다. 곧 민족주의, 인종주의 사고에 의한 배타 의식과 위계 의식에 젖어 있는 한국인들의 의식 및 가치 체계가 인종·민족·문화적 다양성의 가치를 인식해야 한다. 다른 인종, 민족, 문화 배경을 가진 사람들을 존중하고 공존할 수 있는 관용과 평등의 가치 등을 함양하도록 변화되어야 한다.

또한 우리보다 잘사는 이른바 선진국 출신의 외국인들과는 다르게 우리보다 경제 사정이 좋지 않은 저개발국 출신의 외국인들을 특히 더 무시하고 경시하는 경제주의 가치관도 바뀌어야 한다. 이를 위한 사회 분위기 조성과 실제적인 시민교육을 통한 의식 개선이 이루어져야 할 것이다.

다문화 가정의 문제를 해소하기 위해서는 무엇보다도 다문화 가정에 대한 편견을 해소하는 것이 급선무이다. 통계청이 펴낸 '2008 사회조사보고서'에서도 "다문화가구원을 위해 가장 시급히 해결해야 할 사항"으로 "사회 적응을 위한 한글·문화 교육 서비스"(61.8%) 다음으로 "다문화 가족 편견을 없애는 사회 분위기 조성"(56.4%)가 가장 많았다. 우리 국민 특유의 단일민족 의식과 집단주의 의식은 자칫 혼혈인이나 다문화 가정의 '차이'를 존중하기보다는 그들을 '차별'할 우려가 크다.

여기서 우리나라 사람 특유의 단일민족에 대한 신화도 수정될 필요가 있다는 점을 생각해 보아야 한다. 지구상에 분포된 민족들 가운데 유전 속성이 단일한 혈통으로 구성된 민족은 거의 없으며, 역사가 길면 길수록 더 찾아보기 힘들다.

한민족의 피에는 본토인, 북방계, 남방계가 섞여 있다는 유전학 연구와 고고학 유물을 통한 연구결과가 그 단적인 예를 보여 주고 있다. 우리나라 사람들의 얼굴형도 각이 진 북방계와 둥그스름한 남방계로 구분될 정도이다. 한민족은 수많은 외침과 전쟁을 겪으며 다양한 민족의 피가 섞일 수밖에 없었고, 대규모의 인구 유입도 피할 수 없었기 때문이다.(평택대학교 다문화가족센터: 18) 이러한 점에서 단군신화 자체도 우리 민족이 단일민족이 아닌 혼합 민족임을 드러내고 있는 것으로 해석된다. 단군신화에 나오는 곰과 호랑이는 각각 곰을 숭상하는 부족과 호랑이를 숭상하는 부족을 나타내는데, 이 중에서 호랑이를 숭상하는 부족은 배척되고 곰을 숭상하는 부족이 수용되어 정착한 것이 신화로 표현되었다는 것이 전문가들의 중론이다.

또한 최근에 이진경 교수가 『역사의 공간』이라는 책에서 왜구는 단순히 일본 해적들이 아니라 일본인과 조선인, 중국인, 오키나와인은 물론 베트남, 인도네시아 등 동남아인들까지 포함된 혼성적 집단이었고, 대부분 자신의 국가에서 쫓겨나거나 살기 힘들어 도망친 사람들이었다는 연구 결과를 내놓았다. 이것은 지배자 또는 다수자 중심의 역사가 가지고 있는 사실의 왜곡된 이해의 문제를 잘 보여 주고 있다.(이진경, 2010)

오늘날과 같이 단일민족이라는 신화에 바탕한 민족주의는 뒤늦게 구한말 이후 일제의 탄압 속에서 유지해 오다가 1970-80년대에 이르러 국가주도형 개발정책의 이데올로기 속에서 뿌리 깊게 정착하게 되었다. 좁은 민족주의를 넘어서 세계시민의식에 대한 교육이 절실한 시점이다.

이러한 점에서 다문화 시민교육은 모든 인종, 민족, 언어, 문화, 종교 배경을 지닌 학생이 자신과 다른 배경을 지닌 타집단의 사람들과 조화롭게 공존하고 상호작용하며, 자신이 속한 지역사회, 국가, 세계를 더욱 도덕적이고 평등한 민주 사회로 발전시키기 위한 지식, 기능, 가치와 태도를 습득하도록 도와주어야 한다. 특히 그동안 사회에서 차별받고 소외되었던 유색인종, 소수집단 학생들이 한 사회의 시민으로서 그 사회에 활발하게 참여하고 국가와 세계를 보다 정의롭고 인간적인 공동체로 변화시킬 수 있도록 교육해야 한다.

2) 다문화 역량의 강화

안산 원곡동의 '국경없는마을'을 중심으로 이주민 사역을 해 온 박천웅 목사는 『다문화교육의 탄생』에서 다문화 역량 강화 훈련을 강조하고 있다.(박천웅, 2009) 역량 강화는 19세기 후반 미국 흑인 여성들이 백인의 차별과 불평등한 서비스 등에 대항하기 위하여 사회 개혁적인 차원에서 활동을 시작하였으며, 이것이 역량 강화 활동들의 시초가 되었다.

여기서 역량 강화는 힘이나 권위를 주거나 어떤 것을 가능하게 하거나 세력화 시켜 나가는 것을 의미한다. 사회복지에서 역량 강화는 무력감을 갖는 개인이나 가족 또는 지역사회가 힘을 갖도록 한다.

세계화는 이주를 추동하고 자신의 나라를 떠나 살아가는 이주민들은 다른 나라에서 경제 불평등, 복지 악화, 차별과 배제의 인권침해, 문화 소외 등으로 인간의 기본권을 상실하게 된다. 전통적으로 역량 강화의 대상으로는 빈민과 억압받는 사람들, 이주민과 소수자들, 낙인 받거나 차별 상황에 놓은 사람들, 사회자원에 접근하는 데 거부당한 사람들이 중심에 서 있다.

이런 의미에서 소수자의 다문화적 역량 강화를 생각해 볼 수 있는데, 소수자들이 자신이 처한 상황을 스스로 개선해 가기 위한 행동을 취할 수 있도록 개인적, 대인적, 정치적 측면에서 힘을 키워 나가고, 다수자의 입장에서는 차이와 다양성을 받아들이는 능력을 통하여 소수자들과 함께 더불어 살아가는 세상을 만들어 나가는 능력의 향상이라고 할 수 있다.

이를 통하여 다문화적 시민성 역량을 강화하게 된다. 다문화 사회에서 요구되는 민주 시민의 자질을 다문화적 시민성이라고 규정할 수 있다. 다문화적 시민성이란 문화의 다양성과 민주적인 대화를 통하여 자신이 속한 문화를 재구성하고 공통문화를 창출할 수 있는 시민의 자질을 말한다. 일상생활에서 다문화적 시민성을 적용하기 위해서는 나 자신과 우리를 둘러싼 일상생활의 문화에 유의하고 이에 대하여 민감하게 반응할 필요가 있다. 이를 위하여 학교뿐만 아니라 종교 기관을 포함한 다양한 시민사회 단체가 협력하여 노력해야 할 것이다.

3) 다문화 사회에서 교회의 역할

영국의 경우, 100여 년 전에 90%의 기독교율을 자랑하며 세계선교를 이끌었지만, 이제 6%의 신자와 저출산, 고령화 사회의 이민율 상승 등이 영국을 오히려 피선교지가 되게 하였다. 국내에 들어오는 이주민들 중에는 모슬렘들도 다수 포함되어 있기 때문에, 기독교의 입장에서는 큰 위협으로 느껴질 수도 있고 크고 작은 갈등을 일으킬 소지가 있다. 국내의 한 기독교 대학에서는 모슬렘을 전도하기 위해 모슬렘 중에 유학생을 선발하여 입학시켰는데, 이 모슬렘 유학생이 기독교인 여학생과 사귀어 이 여학생을 이슬람으로 개종시켜 논란이 되기도 하였다.

이러한 상황에서 이주민들을 섣불리 기독교로 개종시키려고 한다면, 오히려 갈등의 요인이 될 우려가 크다. 차이를 인정하고 소수자를 존중하는 의식이 약한 한국인들이 이주민들을 무시하고, 기독교인들이 이주민을 전도의 대상으로만 여긴다면 이주민들과 한국인들 사이에 갈등의 골은 더 깊어지게 될 것이다. 섣불리 개종시키려고 하기 이전에, 그들을 하나님의 형상으로 회복되어야 할 존재로 여기고 우리 사회의 어엿한 구성원으로 인정하는 태도가 필요하다.

그리고 타문화와 타종교에 대한 이해를 넓히고 그들과 함께 공동체 사회를 이루어가는 노력이 필요하다. 먼저 그들의 문화를 이해할 뿐만 아니라 진정성을 가지고 그들의 어려움에 동참하여야 한다. 그들이 우리 사회에서 무시당하거나 차별을 받지 않도록 배려하며 대화와 토론을 통해 복음을 받아들일 수 있도록 해야 한다. 이를 위해 이주민들에 대한 교육 뿐만 아니라 내국인들이 이주민들을 이해할 수 있도록 돕는 교육 프로그램이 함께 시행되어야 할 것이다. 자세한 내용은 4장 이하에서 다룬다.

도움 받은 글

강기정 · 변미희(2009), 「다문화 가족 남편의 결혼만족도에 영향을 미치는 부부 관련 변인」.한국가족자원경영학회, 《한국가족자원학회지》 제13권 3호.

강혜경 · 정미선(2004), 「다문화 가족의 결혼생활 관련요인 분석: 용산구 다문화가족 사례연구를 중심으로」 한국가족자원경영학회, 《한국가족자원경영학회지》 제13권 3호.

김상임(2004), 「상담사례를 통해 본 한국남자와 결혼한 이주여성의 삶」,이주여성센터 3주년기념심포지엄.

김영주(2006), 「충남 국제결혼가족 실태 및 지원정책에 관한 연구」.공주: 충남여성정책개발원.

모선희 외(2008), 「다문화가정의 문제점과 정책적 지원방안 연구」.충남: 충남발전연구원.

박천응(2009), 『다문화 교육의 탄생』 안산: 국경없는마을.

설동훈(2005), 「국제결혼 이주여성 실태조사 및 보건복지 지원 정책방안」.서울: 보건복지부.

이진경(2010), 『역사의 공간』 서울: 휴머니스트.

전숙자 · 박은아 · 최윤정(2009), 『다문화 사회의 새로운 이해』 서울: 그린.

정노화(2006), 「한국사회의 다문화 사회진행과 선교」,박찬식 · 이우성 엮음, 『한국교회여, 미래사회를 대비하라』 서울: 기독교산업사회연구소, 2006.

평택대학교 다문화가족센터 엮음(2007), 『다문화 사회복지론』 파주: 양서원.

한국문화관광연구원 엮음(2008), 『미래사회의 인구구조와 문화수요』.서울: 대왕사, 2008.

III. 다문화 사회 인식과 다문화주의

심 민 수(미드웨스턴침례신학대학원/실천신학)

1. 다문화 사회 인식을 위한 기본 전제

1) 문화란 무엇인가?

문화는 학자에 따라 다양한 측면에서 정의 내려지곤 한다. 탁월한 문화비평가인 레이먼드 윌리암스(Raymond Williams)는 문화는 가장 정의하기 힘든, 그러면서 현대의 모든 문제들이 얽혀 있는 그 무엇으로 소개한다. 따라서 문화는 오늘날 우리의 삶 속에 직접 관여 되면서도 항상 민감한 논쟁을 자아내는 인문학적 주제이기도 하다.

문화 개념에 대한 이해를 위해 크리스 젠크스(Chris Jenks)가 소개하는 네 가지 범주의 개념 유형들에 대한 설명을 참고할 필요가 있다. 그가 소개하는 문화 범주는 사회의 지적 · 도덕적 발달 상태로서의 문화, 기술적 · 예술적 작업의 총체로서의 문화, 사회적 범주로서의 문화, 인식의 범주로서의 문화 등이다(Jenks,1996:25-26).

지적 · 도덕적 발달 상태로서의 문화란 주로 사회진화론자들의 견해 속에서 나타나고 있는 개념 이해이다. 문화를 문명 개념과 연결시키려는 입장으로서 19세기 제국주의적 관점이 배어 있다. 이 통념은 문화를 개인의식의 차원이 아니라 집합적 생활의 영역 속에서 파악하되 그 집단의 지적 · 도덕적 발달 수준을 서구 중심의 판단 기준으로 파악하려는 점이 한계점으로 지목된다. 오늘날 학계에서는 이런 접근 양식을 낡은 방식으로 이해하고 있지만 아직도 서구형의 선진국 사회나 개발도상국 사회를 막론하고 이런 관점의 편견과 고정관념을 넘어서기는 쉽지 않다.

기술적·예술적 작업의 총체로서의 문화 개념은 한 사회 속에서 가장 일반적으로 사용되고 있는 문화 이해이다. 여기에는 전문성, 엘리트주의, 훈련과 연마, 배타적 속성 등의 개념들이 내포되어 있을 뿐 아니라 한 사회집단 고유의 상징체계 속에서 구별적으로 생산되고 침적된 상징 영역을 가리킨다.

예컨대 요즘 들어 세계인의 주목을 끌고 있는 한류 드리마, K-Pop 등은 이 범주의 문화 개념 측면에서 설명하기 좋은 사례라고 할 수 있다. 한류는 한국만의 독특한 상징성을 담보하고 있으면서 동시에 예술적 차원의 보편적 공감대를 이끌어 낸다는 면에서 세계 속에 당당히 자리매김하고 있다

사회적 범주로서의 문화라고 할 때, 여기서 문화는 한 종족의 전체 사회생활 방식을 의미한다. 예를 들면, 중국인들의 생활양식과 한국인의 생활양식은 차이가 있다. 달리 표현하면 중국인의 문화와 한국인의 문화는 다르다고 말할 수 있다. 이런 맥락에서 사용된 문화 개념이 바로 사회적 범주로서의 문화 개념이다. 오늘날 이 문화 개념은 사회학과 인류학을 막론하고 문화 연구에서 주요 관심 영역이 되고 있다. 이런 개념 이해는 문화에 대한 민주적인 개념 이해와 문화에 대한 다원주의적 인식이 전제되어 있다. 따라서 현금(現今)의 다문화 상황에서 문화를 연구하고 논의할 때 전제되는 개념에 주로 해당된다고 할 수 있다.

인식의 범주로서의 문화는 한 종족 혹은 한 사회집단의 의식의 저변, 즉 의식구조의 차원에서 다루는 개념이다. 인식의 범주라는 것은 철학적 차원에

속하면서 동시에 그가 속한 사회집단의 공통적 특수성 혹은 한 종족의 의식 속에 자리 잡은 내면의 정신 상태를 범주화한 경우이다.

유태인들의 선민의식이 그 좋은 예라 하겠다. 타 종족에게는 없는 독특한 인식의 틀이 유태인에게 있음으로 인해 그들이 이해하는 세계는 다른 부류의 사람들에게서는 발견할 수 없는 독특한 양상을 만들어 낸다. 비판이론가들이 제기하는 한 사회의 집단의식에서부터 구조주의자 롤랑 바르트(Roland Barthes) 의 신화에 이르기까지 문화 현상의 이면 구조를 이루는 다양한 인식의 문제 가 모두 인식의 범주로서의 문화에 해당한다.

2) 다문화란 무엇인가?

다문화는 여러 개의 복수 문화를 가리킨다. 흔히 다문화는 다인종·다민 족이 어울려 만들어가는 다양한 문화라는 말로써 사용된다. 그러나 문자 그 대로 다양한 문화로서의 의미로도 사용될 수 있다. 예컨대 기성세대 문화와 신세대 문화, 주류 문화와 주변 문화, 혹은 고급 문화와 저급 문화, 엘리트 문 화와 대중 문화, 수직 문화와 수평 문화 등등 다양한 문화 현상을 가리킬 때 도 사용될 수 있다. 그러나 여기서는 주로 다인종·다문화로서의 다문화 개 념을 소개하기로 한다. 그 이유는 '다문화'가 영어의 'multiculture' 의 번역이 며 영어권에서 이 단어는 다인종 상황에서 펼쳐지는 다문화 환경을 가리키는 용어로 주로 사용되기 때문이다.

문화는 독립적이거나 고립적인 것이 아니라 끊임없이 상호 교류 속에서 충돌, 전이, 지배, 호환의 과정을 통해 발전한다. 이는 문화의 발전을 위해서 는 반드시 다른 문화 즉 차이를 지닌 문화들과의 교류 속에서 필수적으로 상 호작용의 과정을 겪어야 한다는 전제를 보여 준다. 이런 전제를 놓고 볼 때 다문화 현상은 부정적인 측면만이 아니라 오히려 긍정적인 측면도 내포하고 있다. 따라서 다문화 현상이 한 사회에 긍정적으로 작용할 수 있도록 그 나름의 현상 분석과 그에 따른 적절한 대응책 마련이 오히려 사회 성숙과 문화 발전에 기여할 수 있다는 점을 주목할 필요가 있다.

다문화는 다문화주의와 구별되는 개념이다. 다문화가 상황적, 상태적인 개념이라면 다문화주의는 소위 이데올로기에 속한다. 다문화는 다양한 민족과 인종으로 인한 사회현상 자체를 의미하고 다문화주의는 문화상대주의에 기초한 다원주의의 의미를 상정한다. 따라서 다문화와 다문화주의를 구분하지 않는 것은 문화 현상 자체와 그 상황에 대한 가치체계를 구별하지 않는 것과 같다. 다문화주의는 이데올로기인 까닭에 같은 용어를 사용하더라도 국가와 사회집단마다 달리 설명될 수 있으며 또한 그 적용에 있어서도 차이를 보일 수 있다.

3) 다문화 현상과 이주, 그리고 원인

다문화 현상은 오늘날 세계적인 추세이다. 역사적으로 광대한 영토를 다스리던 나라들은 다민족·다문화 국가들을 이루었다. 정복 전쟁에서 승리하여 영토를 차지한 후에는 뛰어난 통치 기술을 통해 드넓은 통치 영역을 지배했던 제국들이 많았다. 대부분 제국들은 여러 민족을 복속시켜 나름의 통치술로 제국을 하나로 통합하려 했다.

그런 제국들 중에는 단일한 제도와 단일한 문화와 종교를 강요했던 제국들이 있었다. 이런 제국들은 수명이 오래가지 못했다. 헬라제국은 세계동포주의(cosmopolitanism)와 헬레니즘 문화의 위대성을 기치로 하여 혼혈주의를 강요하고 헬라의 앞선 문명 도시들을 식민지에 건설하려 했다. 그러나 제국 건설자인 알렉산더의 죽음과 함께 그 이상은 그리 오래가지 못했다.

로마제국은 가장 오래 지속된 제국으로 역사는 기억한다. 로마제국은 복속된 민족들에게 종주권과 세금 그리고 로마 황제의 법령을 수용하는 한, 부분적으로 문화적·종교적 자율권을 허용하였다. 로마제국과 그 이후 유럽의 역사는 두 개의 기둥 위에 건설되었다. 하나의 기둥은 헬레니즘에서 유래한 문예였고 또 다른 기둥은 히브리즘에서 유래한 종교적 정신유산이었다. 로마는 헬레니즘과 히브리즘이라는 두 문명을 원용해 새로운 통합적 문화를 꽃피웠다. 어떤 의미에서 로마는 스스로 독창적인 문화를 건설한 것이 아니라 차용한 문화를 통합하고 새롭게 재창출하는 시도를 보였다.

그런데, 흥미로운 점은 고대로부터 왕성하게 일어났던 모든 제국들의 역사 속에서 문명을 건설한 힘은 노예들의 노동력이었다는 점이다. 그들로부터 착취된 힘이 없었다면 고대문명의 건설은 한낱 망상에 불과했을 것이다. 그러고 보면, 오늘날 우리가 그 문명의 자취들을 감상하며 즐긴다는 것은 매우 아이러니한 일이 아닐 수 없다.

근세엔 제국주의에 입각한 서구의 여러 나라들이 앞을 다투어 비서구 지역에 식민지들을 건설하였다. 이들 서구 제국주의 국가들은 식민지로부터 제품 생산을 위한 엄청난 원료와 자원을 약탈 하다시피 본국으로 가져갔고 또한 값싼 노동력을 이용하기 위한 노예무역을 전개하여 큰 성황을 이루었다. 19세기까지 아메리카 노예시장을 통해 이동한 아프리카 원주민은 1억 명이 넘었던 것으로 알려져 있다. 이로써 아메리카 신대륙과 유럽으로 끌려 온 아프리카의 값싼 노동인구는 상당한 인구수로 늘어났고 이로써 이주 역사의 한 축을 이루었다.

또 다른 이주의 역사는 신대륙 발견 이후 종교적·경제적 이유에서 북미권으로 이주한 서유럽·북유럽의 사람들로부터 시작되었다. 그 후 남유럽과 동유럽으로부터 사람들이 이주해 갔다. 그 와중에서도 먼저 정착한 사람들은 기득권자들이 되었고 뒤늦게 이주해 오는 사람들의 값싼 노동력을 이용하였다. 20세기에도 이주 현상은 더욱 보편적인, 전 지구적 현상이 되었다. 《르몽드》(Le Monde)의 한 기자는 "20세기 세계적인 이주 현상이 유령처럼 나타났다"고 소개한 바 있다. 이 현상이 앞으로 전 세계인의 삶의 지형을 어떻게 바꾸어 놓을지 누구도 예측하기 어렵다.

짤막하게 살펴 본 이주 역사 속에서 주목해야 할 점이 있다. 역사적으로 펼쳐진 이주 현상의 주요한 유형의 하나가 노동력의 이동이라는 점이다. 특히 기억해야 할 것은 초기 노예 노동력으로부터 현재의 값싼 노동력에 이르기까지 노동력의 이동 과정에는 착취 현상이 결코 사라진 적이 없었다는 점이다. 문제는 수많은 착취 현상들이 강력한 국가와 기득권 세력의 합리적 · 실용적 설득에 의하여 법적으로 제도화되고 국민들의 시선에서 외면되었다는 점이다. 각 시대마다 고단한 삶의 한복판을 지나가는 사람들은 자신들의 삶의 행태가 어떤 결과를 가져오는지 전혀 의식하지 못한 채, 기득권을 끌어가는 권력에 설득당한다. 그리고 정치권력에 붙어 일종의 사회경제적 블록을 만들고 그 안에서 스크럼을 짜고 살아가는 중심적 주체들에 의해 설득되어 살아간다.

예컨대, 오늘날 기업들은 소비 자본주의 문화 속에서 더 싼 가격의 물건을 만들어 내기 위해서 거의 혈안에 가까운 모습으로 진력한다. 특별히 제조업의 3D업종 사주들은 값싼 노동력을 얻고자 외국인 불법체류자처럼 보호막이 없는 노동력을 향해 손을 뻗친다. 착취된 노동력에 의해 만들어진 제품은 이런 사실을 전혀 의식조차 못하는 모든 소비자에게 만족스런 상품으로 둔갑되어 팔린다.

한국사회도 이와 같은 도식에서 벗어나지 않는다. 현재 한국에 거주하는 외국인 이주자는 전체 인구의 2%를 넘어서고 있는 것으로 나타나고 있다. 이들 외국인 이주자들 중에 노동자들의 수가 가장 높은 수치를 보인다. 현실적으로 한국사회가 직면하고 있는 여러 현상들을 염두에 두고 볼 때 이주자들의 증가 추세는 앞으로도 계속될 것으로 전망된다. 경제성장에 따른 3D직종의 회피, 저출산과 고령화에 따른 노동인력의 감소 등은 이주노동자의 수요를 더욱 가파르게 높여 가는 원인이 되고 있다. 이런 가운데 한국사회는 앞서 선진국들이 밟아 온 전철을 그대로 되풀이해 가고 있는 실정이다.

4) 다문화 현상에 대한 대응이론-동화이론, 융합 그리고 다문화주의

동화(assimilation)란 여러 종족 집단이 함께하는 국가사회에서 한 종족 집단의 구성원들이 고유의 문화적 특성을 포기하고 주류 문화에 흡수되고 장악되는 현상을 의미한다. 문화적 동화는 미국의 역사 속에서도 중요한 주제였다. 북미권 이주의 선두였던 영국계 이주자들에 의해 후발 이주자들이 과거 본국으로부터 가져온 문화를 잃고 앵글로색슨 문화에 의해 흡수되어 갔던 사례가 대표적인 경우이다. 구체적으로 말하면 1820년부터 지금까지 유럽에서 이주해온 이민자들 중에 많은 사람들이 고유의 민족문화적 태도를 포기하고 앵글로색슨계 미국인들의 삶의 방식을 수용하였는데 이런 동화의 과정 속에서 학교교육은 중요한 도구로 사용되었다.

문화적 융합(amalgamation)이란 흔히 용광로 이론(melting pot theory)으로 소개되기도 한다. 융합이란 각 민족 집단이 자신의 특성을 사회 구성에 반영하긴 하지만 그 과정에서 한 민족으로서의 정체성을 상실하고 전혀 새로운 정체성을 갖게 되는 과정을 말한다. 이 모습을 용광로에 비유하여 용광로 이론이라고도 한다. 미국의 이주 역사를 보면 초창기엔 영국계에 의한 차별과 배제 그리고 동화론이 우세하였으나 시간이 지남에 따라 19세기 후반 이후, 미국적 풍토와 여러 민족 집단 간의 갈등과 접촉 그리고 상호작용 속에서 새로운 이

넘과 특성을 지닌 새로운 문화로 등장하게 되었다. 수많은 자원이 용광로에 들어가 융합의 과정을 거치면서 재탄생하게 되었다.

최근에 샐러드 보울 이론(Salad bowl theory)이 용광로 이론을 대신하여 나타났다. 다문화주의 혹은 문화다원주의라는 이름으로 소개되고 있는 이 이론은 두 개 혹은 그 이상의 문화적 집단들 사이에서 성숙한 상호 이해와 존중을 특징으로 한다. 다양한 종족 집단들이 함께하는 사회에서는 한 종족 집단의 문화적 전통이 그 전체 사회와 조화를 이루기만 한다면 존중되고 수용될 수 있다고 보는 입장이다. 각 집단들의 차이가 함께 잘 어우러질 때 전체적인 아름다움을 나타낼 수 있다. 마치 오케스트라 안에서 각 악기의 소리가 하모니를 이루어 아름다운 음악으로 탄생하듯 각 문화 간의 조화에 초점을 맞추는 것이다. 이 이론은 소수의 권리가 보장되면서 다수결의 원칙을 중요시하는 미국적 이상에 어울리는 개념이다.

5) 다문화주의에 대해서

다문화주의란 문화적 다수 집단이 소수집단을 동등한 가치를 가진 집단으로 인정하는 정치라고 할 수 있다. 혹은 사회문화적인 다양성을 보호하고 인종, 민족, 국적에 따른 차별과 배제 없이 모든 개인이 공평한 기회를 접할 수 있도록 보장하는 정부의 정책과 프로그램을 의미하기도 한다(윤인진, 2008:73).

한편, 다문화주의를 이해하기 위해서는 사실, 이념, 정책, 그리고 과정의 측면에서 구분하여 정리해 볼 수 있다. 사실로서의 다문화주의는 경험적인 민족 다양성에 대한 묘사이다. 이념으로서의 다문화주의는 상호 존중과 관용의 미덕을 실행하기 위한 이상적 규범을 의미한다. 국가정책으로서의 다문화주의는 민족문화적 차이를 인정하고 다양성과 시민권을 관리하려는 국가의 시도로서 그와 관련한 소수민족 집단의 가치, 규범, 정체성을 입법화하는 과정을 일컫는다. 또한 과정으로서의 다문화주의는 정치적 영역이 어떻게 다문화적 현실 상황의 역동성에 영향을 주는지에 관련을 맺고 있다(Fleras & Elliott,1996:324-333).

다문화주의가 처음 등장한 것은 1970년 캐나다에서 비롯된다. 영국으로부터 영연방으로 독립한 캐나다는 오랫동안 프랑스계인 퀘백주의 분리 독립에 대한 대책으로써 이중문화주의를 표방해 왔다.

그러나 1970년 이후 다문화주의 주장들이 제기되었고 1982년에는 '권리와 자유헌장'이 제정되면서 본격적인 다문화주의 정책 국가로 부각되기 시작하였다. 따라서 현재 다문화주의 국가로서 가장 앞서가는 입장에 놓이게 되었다. 그에 뒤를 이어 스웨덴이나 호주에서도 다문화주의 정책이 국가적인 차원에서 대두되었다.

다문화주의의 등장은 여러 측면에서 소개되고 있으나 대개 종교전쟁 이후 등장한 근대 자유주의의 유산에서 찾으려는 경향이 짙다. 18-19세기 국민국가의 역사적 등장과 더불어 묻혀 있었던 다문화주의는 오늘날 차이에 대한 다양성의 논의와 함께 더욱 확산되었다. 선진국에서 다양한 문화권 출신의 사람들과 공존하는 문제는 갈수록 복잡한 양상을 띠고 있으며 이러한 맥락에서 격렬한 논쟁과 논란 속에서 그 논의는 점점 더 중요시되고 있다.

그동안 소수민족에 대한 국가정책적 모델로는 미국의 용광로 모델(melting-pot model), 프랑스의 공화주의(Republicanism), 호주의 백호주의(White Australia Policy) 등이 있었다. 그러나 1970년대 이래 캐나다를 중심으로 부상한 다문화주의 등장과 더불어 많은 국가들이 시대적 변화에 직면하게 되었다. 실제로 이 모델은 미국과 영국의 통합 모델이 한 단계 업그레이드 된 것이라고 보는

편이 옳다. 미국의 샐러드 볼(salad bowl) 모델로 이해되기도 한다.

다문화주의는 다문화적 상황 속에서 종족적·문화적 이질성을 지닌 집단 간에 평등과 상호존중이라는 그 이상만큼이나 종족적 소수자들에게 사회 통합의 기회를 제공해 줌으로써 보다 나은 질서와 공존의 계기를 마련해 줄 것으로 오늘날 기대하고 있다.

다만, 다문화주의는 다문화 상황에서 비롯된 일종의 이데올로기이고 발생 상황의 다양한 현실적 차이를 고려해 볼 때 국가 간 지역 간 개념 설정에 많은 차이가 존재하는 것도 사실이다. 다시 말해 해당 국가나 사회 간에는 그 주류와 소수집단 간의 상황 전개에 많은 변수가 있게 마련이다. 이로 인해 규격화되고 보편화된 정책이나 원칙 설정이 어렵다. 따라서 일반화시킬 수 있는 이데올로기가 과연 가능한가 하는 문제 제기가 발생한다.

다문화주의는 소수 종족 혹은 소수 문화 집단의 차이에 대한 절대적 존중, 그리고 소수자에 대한 권리 부여라고 하는 대원칙을 기반으로 한다. 그 결과 개인의 권리를 가장 중요한 주제로 다루는 자유주의적 전통과는 대립적 입장을 취한다는 면에서 또 다른 논쟁거리를 만들고 있다.

다문화주의와 연관된 이념 중 하나로 공동체주의가 있다. 공동체주의 모델은 집단 간의 차이를 넘어서는 보편주의적 원칙보다는 소수 문화나 소수 종족의 권리를 우선에 두는 '차이의 정치'를 지향한다. 이 모델에서는 개별적 인간으로서의 차이 그리고 다른 민족과 구별되는 존재로서의 종족의 고유문화에 주목한다. 이런 고유성이 보편성 때문에 침해되어서는 안 된다. 한 집단의 고유한 정체성을 확보해 주는 것은 오히려 주류 집단에 한 개인을 동화시키는 것보다 훨씬 안정적이고 가치가 있다.

6) 다양한 다문화주의 논의

다문화주의를 잘 이해할 수 있는 방법은 프로그램이나 정책의 관점보다는 이데올로기의 관점에서 일 것이다. 다문화주의는 어떤 현상에 대한 이상을 주장하기 때문에 이데올로기에 가깝다. 이데올로기는 끊임없이 변화하기 때문에 다문화주의의 의미와 이에 대한 관점도 또한 변화한다. 한 사회 속에 펼쳐진 다문화 상황은 그 사회의 집단 양상과 역사적 · 공간적 입장에 따라 다양할 수밖에 없다.

게다가 다문화주의는 기득권 그룹 간의 이해관계 속에서 국가정책에 적용되기 때문에 그 국가사회가 지닌 정치적, 기득권 그룹들 간의 구조적 역학 관계에 따라 얼마든지 다른 실천 양상을 보일 수 있다.

이 말은 결국 다문화주의는 일종의 이데올로기라는 사실을 분명히 한다. 한 국가에서 사용되고 있는 어떤 이데올로기를 다른 국가사회에 적용할 때 그 사회가 지닌 고유의 상황을 고려하지 않고 적용하면 때로 치명적인 결과를 낳을 수 있다. 아무리 좋은 약이라도 자신의 체질과 병세에 따라 사용하지 않으면 그 결과는 불 보듯 뻔하다.

현재 한국사회에서 펼쳐지고 있는 다문화 상황과 한국의 역사적 · 국가적 맥락을 충분히 고려하여 다문화주의의 적용이 이루어지지 않는다면 결과적으로 좋지 않은 큰 사태를 맞이할 가능성이 있다. 따라서 여기서는 일단 다양한 형태로 나타나고 있는 다문화주의 논의들을 살펴본다. 다문화주의의 여러 형태들은 한결같이 다양한 문화 간의 '차이 존중'과 '상호 관용'이라고 하는 공통점이 있다. 그러나 하위 영역으로 들어가면 그 내용에 상당한 입장 차이를 보인다. 일찍이 다문화주의 유형 구분에 적절한 논의를 제공했던 맥라렌(Peter McLaren, 1994)은 다문화주의를 크게 보수적 다문화주의, 자유주의적 다문화주의, 좌파 자유주의적 다문화주의, 비판적 다문화주의로 분류한다.

보수적 다문화주의란 이름처럼 기존의 주류 종족에 의해 주도적으로 사회 통합 정책이 펼쳐지는 것을 말한다. 다양한 문화를 존중하고 그 차이를 인정한다고는 하지만 이런 유형의 다문화주의는 현상 이면에 주류 종족의 이해관계가 도사리고 있다.

예를 들면 미국 사회를 이끌고 가는 주류 기득권자인 앵글로 화이트들은 국가적 정책 기조에서는 다원주의를 표방하면서도 아메리카 흑인, 히스패닉, 기타 유색인종에 대한 시각에서는 서구 중심적 사고에서 벗어나지 못한다. 인간 본성적·자연적 측면에서는 동등함을 인정하면서도 미국 사회에서 실제로 이들의 존재는 결코 동등하지 않다. 여기에는 인종적으로 사회적 기회의 불평등이 분명히 존재한다.

자유주의적 다문화주의는 종족 간, 인종 간에 자연적 동등성을 인정하고 평등을 강조한다. 사회 속에서 생겨날 수 있는 불평등의 문제는 제도적 장치를 통해 극복하려는 노력을 보인다. 이 유형은 인종 간의 지적 평등과 모든 인종 간의 인지적 차원의 유사성을 전제로 한 결과이다.

그러나 자유주의적 다문화주의는 자연적 동등성과 인권의 존엄성은 전제하면서도 각 종족 간의 문화적 차이의 문제는 감안하지 못한 점이 한계로 나타난다. 자유주의를 전제로 한 다문화주의는 인간에 대한 지나치게 추상적인 인식으로 말미암아 본래의 인간성을 왜곡하는 경향이 있다. 그 결과 공동체와는 떨어질 수 없는 존재로서의 개인을 가정하지 못함으로써 한 종족의 문화적 가치를 간과하는 경향을 보인다.

좌파 자유주의적 다문화주의는 자유주의적 다문화주의가 인종 간의 평등을 강조하는 것과는 다르게 차이를 강조하는 경향이 짙다. 자유주의적 다문화주의와 좌파 자유주의적 다문화주의 모두는 정체성과 권리를 분리해 자유주의적 틀 안에서 다문화주의를 수용하고자 한다.

　다만, 좌파 자유주의적 유형은 차이에 기초한 정체성에 근거를 두기 때문에 그것을 지나치게 기정사실화하여 혁신적 동기와 이에 따른 변화를 주기 어렵다. 따라서 이 유형은 정치적 기획이 부재한 채, 기존 질서를 위한 또 다른 형태의 순응에 불과하다. 비판적 다문화주의는 문화 간의 차이를 조화와 무갈등의 합의로 끌고 갈 수 있다고 보지 않는다. 이 유형은 다양성 자체를 목표로 삼지 않는다. 오히려 당대 사회의 지배문화에 대한 비판과 사회정의를 실현하는 차원에서 논의를 이끈다. 차이는 항상 역사, 문화, 정치 그리고 이데올로기의 결과로 본다. 차이는 집단들 사이의 권력관계에서 발생하는 것인 까닭에 문제의 해결은 차이를 만들어 내는 사회 요인들을 추적하는 것으로부터 시작해야 한다고 본다.

　한편, 한국의 다문화 담론과 정책은 나름의 다문화주의 연구와 논리 정립보다는 온정주의적인 입장과 보수적 혹은 자유주의적 입장의 다문화주의를 적용하고 있는 실정이다. 다문화 상황 전개에 대한 근본적인 원인 분석과 그에 대한 본질적인 대책 마련이 아니라 넘어진 사람 무릎에 빨간약 하나 발라 주는 식의 온정주의에 머물고 있다. 그나마도 진행되고 있는 정책 결정이나 제도 마련은 주류 종족 중심의 제국주의적 태도를 당연시하는 보수적 다문화주의 경향으로 나타나고 있다.

2. 다문화 사회에 대한 여러 나라의 대응 사례

1) 캐나다의 경우

캐나다는 제2차 세계대전 이전까지만 해도 영국계와 프랑스계를 제외하고 여타의 이민에 대해서 매우 배타적인 입장을 취하였다. 종전 이후, 문화충돌을 우려한 민심을 반영하여 동화정책을 펴 나갔다. 따라서 대부분의 새로운 이민자들은 영어나 불어를 배웠고 공교육 역시 통합을 위한 통로 구실을 하였다. 그것도 유럽계에게만 이민의 특혜가 주어졌다.

그러다가 퀘벡주의 프랑스계 주민들의 분리 독립 운동을 사전에 차단할 목적으로 1971년 서구 국가들 중에서는 가장 먼저 다문화주의를 표방하고 국가정책적 기조로 받아들이게 되었다. 그러는 가운데 국가 노동력의 부족 현상을 메우고자 아시아, 남미 등 개발도상국들로부터 노동 이주자들에게 문호를 열면서 급격한 유입이 일어나게 되었다.

결국 다문화주의 이념을 통해 신규 이민자들을 기존의 사회구조 속에 통합시키게 되었고 소수 인종 집단의 문화보호와 평등한 기회의 제공이라고 하는 정책 방향으로 확장 전개되었다. 그 결과, 인구학적 변화뿐 아니라, 경제, 정치, 사회, 문화 심지어 국가 정체성에까지 지대한 영향을 받게 되었다.

캐나다의 다문화주의는 모자이크 이론에 입각한 형태를 지향하고 있다.

소수 종족 문화를 용광로에 집어넣어 용해시키기보다는 각기 문화의 특징을 살려 내어 아름다운 모자이크 작품을 만드는 다문화주의 유형을 지향하고 있다. 2001년 유엔 세계인종차별철폐회의 직후, 캐나다 정부는 상당한 예산을 들여 '차별철폐운동'을 전개하고 있으며 소수 종족 문화유산의 달을 제정하고 청소년 다문화 교육을 실시하는 등 다양한 다문화주의 정책을 안정적으로 시행하고 있다.

현재 캐나다는 원주민과 이주민 그리고 소수 종족이 공존하는 방향의 다문화 정책을 추진하는 일에 있어서 비교적 성공적이라는 평을 받고 있다(Kymlicka, 2001). 캐나다에서 다문화주의가 처음 소개되었을 때 그것은 그 누구도 반대할 수 없고 모든 사람이 행복을 느낄 만한 일종의 모성적 접근에서 비롯되었다. 그러나 캐나다의 다문화주의는 예기치 못한 논쟁 가운데 휘말려 있다. 첫째, 다문화주의는 사회의 이민자 흡수 능력을 고려하지 않았다. 그로 인해 이상과 현실 사이의 갭이 큰 것을 뒤늦게 발견했다. 둘째, 유색 소수민족의 이주가 퀘벡 분리 독립문제와 함께 엮이면서 영국계 토착주의자들의 큰 반발로 나타났다. 이들은 다문화주의를 비전 없는 공존, 부적절한 이상론으로 여겼고 흔히 "무모한 모자이크"라고 주장했다. 최근 신보수주의의 등장과 함께 캐나다 정부는 이민자들의 다문화적 특징을 지원하는 대신 자급과 통합을 강조하고 있다. 캐나다 사회가 지니고 있는 질서 속에서 소수민족 집단의 지위에 대한 논의는 다문화주의 정책과 관련하여 계속되는 논쟁의 핵이 되고 있다(김은기, 2009).

결국 다문화주의에 대한 논쟁은 캐나다 사회가 변화하고 있고 국가 발전의 과정에서 모든 국민을 아우를 새로운 방안이 모색되어야 한다는 암묵적 인식을 드러낸다고 보아야 할 것이다.

2) 호주의 경우

호주는 1960년대까지 백호주의로 일관했다. 19세기 후반 중국인 이주가 골드러시를 이루던 시절, 이에 대한 억제책으로 각 주에서 주법으로 적용하던 것을 1901년 호주 연방 성립과 함께 이민 제한법에 수렴시켰다. 40년대 말부터 비유럽권 이민자를 받아들이면서 변화가 일게 된 호주 정부는 66년 능력 있는 비유럽 사람들에 한 해서 이민의 문호를 대폭 넓히게 된다. 이런 변화 가운데 호주를 인종주의의 대표적 국가로 지목받게 만들었던 백호주의는 1973년 노동당 정부에 의해 어쩔 수 없이 용도 폐기 처분된다. 호주는 다문화주의를 앞서 선언한 캐나다에 이어 1978년에 이르러 다문화주의를 호주의 공식적인 정부 정책으로 채택하게 된 것이다.

호주 정부가 정책 방향을 다문화주의로 전환하게 된 데에는 나름의 정치적·경제적 배경이 있었다. 첫 배경은 제2차 세계대전 이후 이민의 본격화와 이민 집단 구성의 다원화, 특히 아시아계 노동 이민의 증가 현상이 일어난 것이었다. 다른 한편, 영연방 탈퇴 움직임과 아시아 중심 정책의 발동이 있었다. 호주는 현재까지 영연방에 속하면서 독립적 정부를 운영하고 있다. 70년대 들어 아시아 국가들과의 교역과 교류가 확장되면서 환태평양 아시아권의 협력자로서 호주는 아시아 여러 국가들과의 긴밀한 관계가 주요한 이슈가 되었다. 이런 배경은 호주로 하여금 이민 문호의 확장과 문화 정책의 다변화를 수용하게 하였다.

그러나 이런 변화로 인해 나타난 결과는 크게 긍정적인 것이 못 되었다. 다문화주의를 표방하면서도 구조적 모순이 지속되었고 온정적인 면에서는 진보가 있었지만 공정 분배에 차원에서는 새로운 변화가 없었다.

이런 가운데 우파 정권의 등장(1996~2008)으로 인해 다시 이민자들을 호주화 하려는 동화정책의 움직임이 나타났다. 따라서 이민자들에게는 영어구사 능력이 요구되었고 시민권 자격 과정이 강화되었다. 현재 호주의 다문화 정책은 보수와 진보 양측 모두로부터 비판을 받고 있으며 호주 정부는 다문화를 상정하면서도 여전히 미등록 이주노동자와 이주여성들에 대한 차별과 저임금 문제를 경시함으로써 이중적 태도를 취하고 있다.

2005년 12월 호주 시드니 교외인 크로눌라에서 발생한 중동 출신 청년들과 호주 백인 청년들과의 폭행 사건은 당시 호주 사회 각계각층의 비난 성명으로 이어졌다. 이 사건 직후 정부 각료들이 보여 준 태도는 호주 다문화 사회에서 백인 중심 문화의 기득권화로 인해 소수 종족 문화의 가치가 정상적인 평가를 받지 못하고 있다는 점을 보여 준다. 코스텔로(Peter Costello)재무장관은 "호주의 가치를 존중하지 않는 무슬림의 시민권은 박탈되는 것이 마땅하다"는 자극적 발언을 하였고 존 하워드(John Howard)연방 수상은 언론과의 인터뷰에서 "호주에 왔으면 호주화 되는 것이 당연하며 호주의 가치를 인정할 생각이 없는 사람은 아예 호주로 와서는 안 된다"고 하였다(엄한진,2011:112 재인용). 이 사건과 그 결과는 백호주의 대안으로써 부상한 호주의 다문화주의의 실험이 성공적인 것이 못 되었으며 호주 정부의 정책적 대안이 동화주의 쪽으로 흐르고 있음을 보여 주는 분명한 실례이다.

3) 미국의 경우

초창기 미국은 원주민인 인디언들을 통치하기 위한 방안으로 다양한 전략을 실행하였다. 개척 초기에는 차별·배제 혹은 반동화(nonassimilation)적 정책의 모습이 나타났다. 여기에는 계획적인 학살, 인디언 보호구역 지정, 강제노역 등이 포함되었다. 아프리카계 흑인 노동자들은 노예 신분 아래 착취를 당했고 노예해방 이후에도 흑백 분리를 법제화한 짐 크로우(Jim Crow)법에 의

한 억압정책이 펼쳐졌고 1896년 플리시 대 퍼거슨의 소송에서 미연방 대법원은 '분리 그러나 평등(separate but egual)'을 결정하였고 그에 따른 정책들이 전개되었다(C.I.Bennett,2009:174). 라틴계 이민자와 남유럽의 이민자들도 19세기 말에서 20세기 초까지 이들보다 먼저 이주한 앵글로색슨계, 북유럽 출신 정착자들의 편견 때문에 부당한 대우를 경험하였다. 북유럽계와 크게 다르지 않은 인종 중에는 동화의 과정을 통해 흡수되었으나 인종적으로 뚜렷한 특징을 지닌 종족들의 경우에는 고립 혹은 분리 정책이 적용되는 가운데 앵글로 색슨계와는 구별된 문화적 양상을 미국 내에 만들어 갔다. 훗날 이것은 결국 미국의 문화적 입장이 다원주의적 형태로 귀결될 수밖에 없는 또 하나의 중요한 원인이 되었다.

북미주 대륙으로의 이주 역사를 간략히 정리하면 영국의 식민지 시절 비잉글랜드계 이주 집단은 이미 정착한 영국계 정착민들에 의해 부정적인 존재들로 인식되었고 보호주의 식민지정책을 통해 계속되는 이주자들에 대한 정착 방해가 계속되었다.

1820년부터 1921년까지 미 국회는 이민을 제한하기 위한 할당법을 제정하여 시행하였는데 오히려 그 결과는 이전의 개별 이민보다 더 거세게 단시일내 서유럽과 북유럽으로부터 대규모 이민자들이 밀려오는 계기가 되었다. 이들의 이주 동기는 다양한 것으로 유럽 인구의 폭발, 대량생산과 노동자들의 해고, 정치적·종교적 핍박, 기회의 땅에 대한 동경, 값싼 선박 운임 등이다.

19세기 초 본격적으로 시작된 공립학교의 탄생과 더불어 영국계에 의한 공교육 지배는 현실적인 것이 되었다. 당시 학교는 비영국계 이민자들을 앵글로계 개신교의 가치관과 미국 산업 체계의 가치관으로 사회화하는 수단이 되었다. 1880년대 들어서면서부터는 남유럽과 동유럽으로부터의 이주가 시작되면서 1500만 명 이상의 이민자들이 추가로 생겨났다. 이들은 앞서 이주한 부류의 이민자와는 달리 동화되기가 불가능하고 서유럽과 북유럽 민족들보다 생물학적으로 열등한 인종으로 취급되었다. 이로 인해 이민을 제한하는 법령이 더 강화된 계기가 되었다.

유럽으로부터의 이주자들에 대한 차별 배제의 양상은 결국 이주자들로 하여금 자신들만의 민족 특성을 보존하기 위한 조치로서 특정 지역에 정착하는 독특한 현상을 낳았다. 영국과 북유럽 이민자들 사이에서 상당한 문화적 동화가 일어났던 것이 아주 분명하다. 그렇지만 아일랜드계와 이탈리아계에 대한 초기 차별은 상당히 심각한 지경에 있었다. 그들은 도착하는 순간부터 언어 학대, 편견, 의도적인 차별 대우로 시달려야만 했던 것이다. 그밖에도 19세기 말부터 본격화되었던 동유럽과 남유럽 이민자들에 대한 왜곡된 고정관념과 조작된 이야기들이 당시 주류 사회에 만연되었다.

이런 현상은 유대계 이주자들이나 아프리카계 이주자들에게도 극도에 달하였다. 유태계 미국인들은 호텔, 식당, 클럽, 봉사 기관 등에서 배척당하였는데 이는 1970년대까지 계속되었던 현상이다. 특히 아프리카계 미국인의 역사는 세 단계로 나타난다.

첫 단계는 아프리카로부터 생포되어 강제로 이주한 후 150년간 지속된 감금 시기이다. 2단계는 노예해방에 이어 소작농으로 50년간 겪은 경제적 착취와 임차 농부로서의 시기이다. 그리고 3단계는 20세기 초 북쪽 지역으로의 이주 현상 속에서 흑인 도시 공동체의 형성과 60년대 인권운동으로 인한 제2의 해방시기이다. 미국의 노예제도와 흑백 분리를 법제화한 짐 크로우 법에 의해서 흑인에게 가해진 수많은 핍박은 미국 사회가 오랫동안 지속해 왔던 문화적 용광로 이론이 틀렸음을 증명하는 증거가 될 것이다.

20세기 후반부 동안 이룩한 인권 신장에 대한 놀라운 발전과 노력은 문화

다원주의 혹은 다문화주의로 불리어지는 새로운 변화에 적응할 수 있는 토양을 만들어 내었다. 실제 아프리카계 미국인들로부터 시작된 흑인 인권 운동은 소수 종족 집단들과 여성들을 위한 인권 운동들로 그 범위가 확장되었다.

이런 운동은 점차 멕시코계 미국인, 북아메리카 인디언, 아시아계 미국인, 푸에르토리코인 등 상황 변화를 인식하는 모든 소수집단들 속에서 새로운 운동이 일게 하였고 남유럽과 동유럽 이주자들의 민족성을 고취시키고 지각하게 하는 데 도움을 주었다. 그 결과 오늘날 미국 사회가 문화적 다양성을 받아들이게 되는데 진원지로서 역동성을 드러내게 하였다.

현재 미국에서 다문화주의적 입장에 있는 사람들은 동화나 융합(용광로 이론)등의 개념이 다수자의 문화를 소수자에게 강요하는 것이라고 비판한다. 그 대신 '셀러드 보울'이나 '영광스런 모자이크'와 같이 한 국가사회 안에서 그 구성원인 모든 종족들이 각자의 독특성을 살려 나갈 수 있는 방안을 제시하고 있다(글레이저, 2009).

미국의 다문화주의에 입각한 정책은 이중적 성격을 보인다. 한편으로는 사회경제적 성격의 논리를 다른 한편으로는 정체성에 관한 논리를 따른 것이다. 전자는 분배 정의, 사회적 평등의 논리에 입각하여 소수 종족과 여성을 대상으로 '소수집단 우대 정책(affirmative action)'의 형태로 나타났고 후자는 인정의 정치 차원에서 인간의 존엄성을 근간으로 하는 민주적 정치의 일환으로 나타났다. 즉 문화적 차이에 대한 인정을 주창하고, 소수 종족 집단의 고유문화를 보존하고 육성해 줌으로써 정체성의 문제를 해결하자는 것이다.

4) 프랑스의 경우

프랑스의 종족 구성을 보면 근대 이전부터 거주해 온 토착 민족으로 골족이라는 다수 종족과 브르타뉴, 사부아, 바스크 족 등 소수종족이 존재해 왔다. 그러던 것이 19세기 이탈리아인들과 유대인들이 이주해 왔고 제2차 세계대전 및 식민지 독립 이후에는 알제리, 튀니지, 모로코 등 구 식민지 지역 국가로부터 전후 경제발전에 필요한 노동 인력들이 정부 간 협약을 통해 이주해 왔다. 또한 주변 인접 국가인 스페인, 포르투칼로부터 다수의 이주민이 발생하였다. 그밖에도 아프리카 식민지와 아시아 난민들이 이주해 왔다. 1970년대까지 프랑스는 외국인 노동력 이주를 적극 추진하여 이 당시 이민자는 전체 인구의 6.2%에 해당하는 총 340만 명이 넘었다.

이러한 상황에서 프랑스는 이주민의 인종적·문화적 배경을 간과한 채 나름의 관용 속에서 줄곧 공화주의를 표방해 왔다. 오랫동안 브르타뉴 공동체나 북부지방의 이탈리아 공동체가 큰 거부감 없이 존속되었고 포르투칼 출신 이민자들의 상업적 연결망에 따른 종족 공동체도 성공적으로 프랑스 사회 통합을 이루어 왔다. 이로써 공화주의가 다문화사회와 모순적인 것으로 보이지 않았다. 공화주의 체제 안에서 민주주의의 보편적인 원리로써 자발적인 동의를 나누는 가운데 서로 다른 집단 간의 정체성을 보장받을 수 있는 사적 권리가 주어졌기 때문이다.

그러다가 68혁명을 계기로 권위주의적 국가 중심의 억압성이 비판을 받으면서 이후 프랑스 사회의 일부 사람들은 공화주의적 동화정책의 위험성을 비판하고 문화적 차이의 중요성을 부각시키고자 '다원적인 프랑스'를 주창하면서 이 맥락에서 다문화주의의 필요성을 강조하였다. 그러나 또 한편의 사람들은 불평등과 인종주의 부상이라는 당시 사회적 분위기에서 차이를 중시하는 것이 오히려 차별로 가는 길이 될 수 있다는 우려 때문에 공화주의적 평등에 기초한 통합이라는 이상을 추구하게 되었다. 이런 입장이 1983년 아랍출신자들에 의한 '인종차별 반대 권리 평등 촉구행진' 등 보편적 이민사회 운동으로 나타나게 되었다. 종족적 이질성에 대한 인정보다 시민으로서의 동질성을 강조하는 프랑스 사회에서 다문화주의는 사회적 공감대를 얻기 어려웠다(엄한진, 2011:117).

프랑스 공화주의 정책은 오랫동안 성공한 것처럼 보였다. 실례로 1998년 월드컵에서 우승한 프랑스 축구 대표팀은 모든 선수 구성을 이민자 가정 출신으로 구성하였다. 이는 프랑스 공화주의적 동화정책의 성공적 상징물로 취급되었다.

그러나 현재 프랑스 전체 인구의 10%에 해당하는 이민자들의 경제적 불평등과 정부의 정교분리 원칙에 따른 공립학교에서의 이슬람 복장에 대한 규제 정책은 이슬람 이민자들의 분노를 일으켰다. 2005년 11월 프랑스 도시 전역에서 이슬람 이주자들에 의해 일어난 폭동은 그동안 성공적인 것으로 인정받던 프랑스식 공화주의적 통합 모델이 본질적인 위기에 부딪혔음을 시사해 주었다(한승준, 2007: 31). 최근 프랑스는 동화주의 모델을 근간으로 하면서도 다문화주의 입장에서 상호 인정의 통합 정책을 추진하는 등 아직까지는 분명하지 않은 양면적 양상을 보이고 있다.

5) 영국의 경우

영국은 오랜 기간 제국주의 역사로 인해 많은 식민지를 통치한 바 있다. 그 결과 세계 여러 지역의 식민지로부터 많은 노동력을 국내로 유입시켰고 이로 인해 일찍이 다문화 사회 현상을 경험하였다. 그럼에도 불구하고 영국은 20세기 중반까지만 해도 철저한 앵글로색슨 우월성에 입각한 제국주의적 동화정책이 강한 국가였다.

그러다가 지금에 와서 영국 정부는 다문화의 평화적 공존을 위하여 문화

간 차이를 인정하고 소수 문화를 용인하고 배려해야 한다는 입장을 취하고 있다. 따라서 소수민족의 문화적 권리를 보장하고 소수민족을 위한 여러 지원책을 마련하고 있다. 또한 영국 정부는 다문화 관련 전담기관인 Future of Multi-Ethnic Britain 을 세워 다문화의 평화적 공존을 위해 다각도로 사회적 안전장치를 준비하고 인종 간의 경제적 격차와 갈등 원인의 해결 방안을 모색하고 있다(오성배, 2006:149).

그럼에도 불구하고 앵글로색슨 우월주의적 환상과 편견은 사라지지 않고 있다. 예를 들면 영국에는 아직도 BNP(British National Party)즉 백인우월주의 입장에서 이민자들을 배척하는 당이 있는데다가 일부 국민들의 강한 지지를 받기도 한다. 물론 영국 정부는 늘어나는 소수민족들에 대한 우대를 강화하고 인종차별 금지 정책을 표명하며 공공장소에서 공인의 인종차별적 언행에 대해서는 가차 없이 비난으로 대처하고 있다.

그러나 2005년에 이슬람 이민 가정 2세에 의해 일어난 테러 사건은 영국 정부의 대의명분적 다문화 정책에도 불구하고 아직도 영국 사회에서의 인종차별 이 사라지지 않고 있음을 반증하는 사례로 주목받고 있다. 이런 차별 문제는 영국에서 태어나 영어권의 정상적인 교육을 받은 이민 2세들의 좌절과 분노로 나타나 급기야는 이슬람 극단주의로 빠지는 현상을 보이고 있다.

6) 독일의 경우

독일의 총 인구는 8,230만 명으로 그 중 8.8%에 달하는 730만명이 외국인인 것으로 추정한다. 나일강의 기적으로 일컬어지는 1950-60년대 독일의 경제적 재건기에 맞춰 많은 외국인 노동력이 이주하였다. 독일 정부는 독일에서 태어난 이들 2세대에게 교육과 참정권을 제공함으로써 사회 통합적 정책을 펼쳐 왔다.

그러나 독일은 제2차 세계대전까지 게르만 중심의 민족주의 경향을 보여 왔기 때문에 인식의 저변에 깔려 있는 이런 사고를 전환시키는 데 있어서 독일 정부는 크게 애를 먹고 있다. 또한 독일은 과거 나치의 인종차별 행태에 대한 씻기 어려운 과거사를 지니고 있기 때문에 정부 차원에서도 인종차별에 관한 언급을 극도로 피하는 경향이 짙다.

최근 통독이후 경제 사정이 어려워지면서 특히 동독 지역의 사람들은 외국인 이주자들이 자신들의 일자리를 빼앗는다는 이유로 외국인 노동자에 대한 반감이 특히 커지고 있다. 이와 맥을 같이 하여 독일 연방 정부의 외국인 정책도 점차 퇴색되어 가는 움직임을 보이고 있다. 2004년에는 헬무트 슈미트 전 총리가 1950~60년대 터키 노동자들의 대규모 유입을 받아들이지 말았어야 했다는 말을 해서 큰 논란이 일었고 당시 총리였던 슈뢰더도 "이민자들은 기독교 문화에 토대를 둔 독일 문화에 동화해야 한다"고 말해 엄청난 논란을 불러일으키기도 했다(김연권, 2009:32 재인용).

7) 일본의 경우

일본의 다문화 상황 전개는 우리나라와 비슷하다. 일본의 다문화주의 이념은 우리 보다 앞서 1990년대 초에 소개되면서 90년대 말에는 상당한 정책적 결과들이 나왔다. 우리나라와 마찬가지로 고령화와 저출산으로 노동인구가 감소하면서 외국인 노동력을 수입해야 할 필요성이 대두되었다. 따라서 외국인 노동자의 이주와 영주를 촉진하고 유학생 지원 정책을 실시함으로써 외국인 비율이 급속히 증가하는 경향을 보이게 되었다. 2005년 등록된 외국인 수가 200만을 넘었고 등록되지 않은 수를 모두 합치면 거의 600만 명에 이를 것으로 추산한다. 또한 결혼 총 건수의 5.5%가 국제결혼으로 다문화 가정을 이루고 있으며 이는 지속적인 증가 추세에 있다(김연권, 2009: 33).

일본의 경우 소수 문화에 대한 대응 정책은 차별배제 모형과 동화주의 모형에서 점차 다문화주의 모형의 색깔을 띠기 시작하였는데 이는 세계적인 추세에 뒤쳐지기 싫어하는 일본인의 생리에서 비롯된다. 흥미로운 것은 일본 정부는 다문화 공생 정책을 내세웠으나 연구기관들은 외국인을 노동력 관리 대상이 아니라 지역에서 함께하는 주민으로 간주하자는 제안을 하기에 이른다(고모다 마유미, 2007: 60-64). 이에 따라 소수 문화 출신자들을 위한 사회적응 프로그램을 다각도로 확대하고 있으며 내국인들에게는 그 문화에 대한 존중과 그에 필요한 교육을 강조하고 있다. 그리하여 소수 문화에 대한 배타적 인식을 제거하고 상호 문화적 교류를 통한 상생의 결과를 끌어냄으로써 다문화적 사회 통합의 길을 모색하고 있지만 아직도 재일한국인 문제와 아이누족 문제와 같이 소수 문화 중에서도 정체성이 뚜렷하고 역사적인 문제가 얽혀 있는 사안에 대한 일본 정부의 대책에 있어서는 불투명한 입장을 취하고 있다.

3. 다문화주의의 한계

서구의 대표적인 국가들은 다문화 사회로 급격히 변화되고 있는 과정에서 여러 사회문제가 발생하고 있으며 갈등 해소를 위한 많은 사회비용을 지불하고 있다. 특별히 외국인 인구가 5%를 넘으면서도 차별 배타적 정책과 동화정책으로 일관해 왔던 국가들 예를 들면 프랑스, 독일, 일본의 경우에는 정책기반과 제도의 미흡으로 말미암아 사회적 혼란과 갈등의 문제가 증가하고 있는 추세이다.

그럼에도 불구하고 세계적인 이주 현상 속에서 다문화적 상황 전개는 경제적으로 선진화된 국가사회일수록 예외를 찾기 힘들게 되었다. 선진화된 사회에서 민주주의적 정치 시스템과 반인종주의적 인권 사상이 보편적인 추세라면 여기에 인종, 언어, 종교, 피부색에 의한 차별과 멸시행위는 더 이상 용납될 수 없다. 이런 배경에서 앞으로 다문화 사회에 대한 대응 방편은 다문화주의가 그 대세를 이룰 전망이다. 다문화주의는 인간의 존엄성을 가장 우선에 둔다는 면에서 다른 사회 통합 방편들 보다 우위에 있기 때문이다.

그러나 다문화주의가 다문화 사회 속에서 아무리 좋은 방편이라고 하더라도 복잡하고 다원적인 사회에서 발생하는 모든 문제를 일거에 해소시켜 줄 최고의 양약이라고는 쉽게 단정할 수 없다. 다문화주의도 일종의 이데올로기로서 모든 이데올로기들이 지닌 논리적·현실적 한계를 지니고 있다. 이데올로기 안에는 한결같이 그 이념이 추구하는 궁극적 지향점이 있다.

그러나 그 지향점은 현실 상황과 그 문제점을 모두 다 고려할 수 없고 그 이념을 주도적으로 끌고 나가는 세력에 의해 전혀 뜻밖의 적용으로 치달을 수 있는데 그 결과, 다른 입장에 있는 사람들을 매몰시킬 수 있다. 게다가 초기의 민주적·인권적 논리와는 전혀 다르게 주도적인 세력 분할로 인한 분권적 세력 재편의 결과를 가져올 수도 있다. 인간 집단에게 권력은 대단히 매력적이다. 소수자가 집단화되어 어느 정도의 힘을 지니게 되면 본래의 정신을 상실하고 뜻밖의 사태를 맞이할 수 있다.

다문화주의와 관련된 문제점과 한계점을 구체적으로 소개하면 다음과 같다.

첫째, 모든 사람들에게 적용 가능한 보편적 가치와 소수 종족의 특수한 가치 사이의 충돌 문제이다. 다문화주의는 소수 종족 집단 중심의 가치와 삶의 양식을 인정하고 그에 따라 살아갈 권리를 전제로 한다. 이런 이념과 원칙을 너무 우선적인 것으로 다루다 보면 거꾸로 국가 전체가 함께 가야할 법 앞에서의 평등의 문제와는 동 떨어지는 방향으로 나아가게 된다. 다시 말해 한 소수 종족의 종교와 문화양식이 전체 국가 체계 유지에 필요한 공동체적 원리를 거스르는 문제를 낳을 수 있다는 말이다.

예컨대, 모슬렘들의 종교 문화 속에서는 보복법이 있다. 실제로 A가 B에게 가한 신체적 상해에 대해서 B도 A에게 동일한 상해를 가하는 것을 원칙으로 하는 종교적 법문화를 말한다. 이런 문화를 갖고 있는 경우에 한 국가사회 안에서 동일하게 법 집행이 진행되어야 할 처지에 특수한 형태의 이런 문화 행태를 용납할 수 있겠는가 하는 문제이다.

둘째, 시민 공동체에 의한 공화정을 전제로 하는 현대 국가에서 과연 다문화주의에 입각한 소수 종족 중심성의 논리가 양립할 수 있는가 하는 문제이다. 전자는 시민국가(civic nation)라는 이념 아래 모든 시민이 함께하는 공동체의 일원으로서 공통분모를 지닌다. 국가 안에 별개의 분리된 이념과 사상에 의한 객토화는 용납될 수 없으며 국가에 속한 모든 멤버들은 국가의 통합과 공동체적 이념을 위해 의무와 책임을 지닌다.

그런데 후자처럼 소수 집단의 차이를 인정하고 별개의 논리를 용납한다는 것은 때로 이러한 이념적 전제를 포기한다는 의미를 내포한다. 이 말은 국민국가의 공화주의적 합의를 배제하는 결과도 가능함을 의미한다. 즉, 보편주의적 가치에 따라 복지정책과 통합정책과 같은 동질의 국민 형성이라고 하는 공화주의적 국가 형성에 치명적인 손실로 작용할 가능성을 상정하지 않을 수 없다는 것이다. 캐나다의 다문화주의 정책이 소수민족의 종족성을 중시하는 나머지 소수민족 통합을 저해하는 결과를 가져온다는 비손다스(Bissoondath,1994)의 지적은 이런 맥락의 한 사례이다.

셋째, 다문화주의는 현실 문제 해결을 위한 전략적 정치 이념에서 비롯되었다는 한계 문제이다. 따라서 실제 현상의 속성과 이념적 정치 논리 사이에는 상당한 갭이 존재할 수 있다. 다문화주의 담론은 대개 현실 문제들이 다양하게 대두된 이후에야 정치인 그룹의 정책적 논의 속에서 일부 학자들의 지원을 얻어 해결을 위한 이론적 근거 제시로 다루어진다. 이 과정에서 현실의 문제의 근본 원인을 다루기보다는 정책적 대안을 위한 화려한 이론적 근거로 제시된다. 다문화주의를 받아들인 북미권과 뒤늦게 받아들인 유럽권 사이에는 그 출발점과 현상에 분명한 차이가 있다. 그런데도 유럽권이 북미권에서 사용되는 동일한 다문화주의를 그대로 적용한다면 이는 다른 양상의 문제를 같은 해법으로 풀어가려는 시도라고 할 수 있다. 다문화주의는 우리가 일반적으로 느끼는 이상주의적 만병통치약이 아니다. 거기에는 다문화 현상의 다양성만큼이나 다양한 현실 문제들이 도사리고 있다. 프랑스와 독일이 다문화주의를 잠시 차용하려다가 최근 오히려 보수주의로 돌아서는 경향을 보이고 있다는 것은 다문화주의 실현이 현실의 문제를 모두 담보할 수 없음을 보여주는 또 하나의 사례이다.

넷째, 다문화주의는 다문화 현상의 원인을 충분히 고려하지 못한 한계점이 있다. 다문화적 현상이 전 지구적으로 펼쳐지고 있는 배경에는 노동력의 이주라고 하는 보다 구체적이고 현실적인 원인이 전제되고 있다. 노동력의 이주 현상의 이면을 파헤쳐 보면, 현재 가동되고 있는 전 세계의 값싼 노동력은 일자리가 부족한 저개발국가로부터 저출산, 고령화, 고임금으로 인한 노동력 부족이 심각한 선진국으로의 대거 이동 현상으로 나타나고 있다.

그런데 여기에 우리를 당혹케 만드는 심각한 문제가 도사리고 있다. 근세에 서구권이 제국주의적 식민지 경영에서 보여 주었던 노동력 착취 현상이 오늘날까지 이어지고 있다는 점이다. 세계화와 함께 확산되어 온 후기 산업화시대의 자본주의 소비문화는 전 세계인의 잠자는 욕망을 해방시키는 가운데 환상적인 미래에 대한 들뜬 꿈을 안겨 주었다. 더 잘 살아 보겠다는 인간의 욕망은 더 나은 선진 지역에서 자신의 꿈을 현실로 옮기겠다는 환각적 노력을 분출시키고 있다.

그 결과, 오직 욕망에 이끌려 준비되지 않은 존재들, 이를 쉽게 이용하겠다는 무책임한 존재들, 그 이중의 비윤리적 주체들의 이해관계가 상존하고 있다. 여기에 어쩔 수 없이 문제를 떠안은 입장에 있는 정치적 주체들 그리고 이들에 의해 제시된 다문화주의! 여전히 노동력 착취라고 하는 근본적인 문제가 도사리고 있는데 그 원인에 대한 깊은 성찰적 노력과 해결책 마련을 간과한 채, 소수 종족의 인권을 보호하겠다는 논의는 사실상 문제의 근원을 제대로 파악하지 못한 측면이 있다.

다섯째, 다문화주의는 모든 지역, 모든 국가에 동일하게 적용하기 쉽지 않다는 한계점이 있다. 다문화주의는 역사적으로 다민족으로 구성된 큰 영토를 지닌 국가 혹은 지역 분권적 전통이 강한 연방 국가 형태에서 적용하기 좋다. 미국이나 캐나다, 호주처럼 넓은 영토를 지니면서 인간의 인권을 중요시하는 민주국가에서 발달하게 된 것도 바로 이러한 설명을 잘 반영한다. 반면에 다문화주의는 역사적으로 문화적으로 단일민족적 성격이 강한 지역에서는 쉽게 적용하기 어려운 한계점을 지니고 있다. 문제는 다문화주의가 지닌 무늬와 성격에 관한 것이다. 오늘날 인권과 자유라고 하는 보편적 가치를 뛰어넘을 수 있는 토대는 어디에도 없다. 그런데 다문화주의는 이러한 이상적 가치를 전면에 배치한다. 그런 까닭에 이를 거부하는 사람은 인종주의자로 여겨질 오해의 소지가 있을 수 있다.

그러므로 한국에서는 모든 논의에 앞서 다문화주의가 과연 적용 가능할지에 대한 논의와 우리의 상황에서 어떤 절차를 통해 어떤 유형의 다문화 이데올로기를 적용해야 할지에 대한 논의가 먼저 상정되어야 할 것이다.

IV. 다문화 사회 속에서 교회의 역할

심 민 수(미드웨스턴침례신학대학원/실천신학)

1. 사회 통합을 위한 역할

1) 굿거버넌스의 한 축으로서의 역량 발휘

최근 국가 정부의 역할의 한계 그리고 개념 범주의 변화에 따라 "거버넌스"라는 새로운 개념이 부각되고 있다. '정부(government)'는 공식적이고 제도적인 권력 기관임에 반해, '거버넌스'는 사회적 합의에 의해 혹은 합치를 위한 노력으로 일어나는 활동과 역할을 의미하는 개념이다. 최근 거버넌스는 정부의 역할로서 처리하기 힘든 영역들에 대해서 민간단체를 포함한 다양한 사회조직 간의 네트워크를 통해 풀어가고자 하는 노력들이 활성화되고 있다. 그래서 '정부에서 거버넌스(from government to governance)로' 등의 표현이 자주 등장하기도 한다. 거버넌스의 가장 중요한 특징은 중앙정부, 지방정부, 정치적 · 사회적 단체, NGO, 민간 조직 등의 다양한 구성 기관들로 이루어진 네트워크라는 점이다. 이처럼 다양한 구성 기관들로 이루어졌으면서도 참여 구성 기관 간에는 상호 독립적인 특징을 지닌다.

정부가 포함된 경우라고 하더라도 정부가 주도한다거나 우위의 기관으로 군림할 수 없다. 다만 중간에서 조정자의 역할 정도에 그친다. 최근에는 거버넌스의 활발한 작용으로 한 국가사회 안에 역할 분담과 균형 있는 힘의 작동에 유리한 국면이 펼쳐지고 있는 것이 사실이다. 이로써 정부 단독으로 할 수 없었던 문제들을 사회의 여러 구성 기관(조직)들이 함께 동참함으로써 사회의 자기조향 능력(self-steering capacity)이 증대되고, 공동규제(co-regulation)와 공동조향(co-steering), 공동지도(co-guidance)등의 결과물을 얻는 방향으로 가고 있다.

이런 시점에 교회도 굿거버넌스의 역할을 감당해야 할 시점에 놓여 있다. 특히 사회의 소외된 영역과 대상을 향한 대사회적인 역할이 어느 때보다도 절실한 때이다. 이런 맥락에서 다문화 현상과 관련하여 교회가 보여주어야 할 역할이 분명이 상존한다. 다문화 현상을 크게 두 측면 즉, 외국인 노동자 이주 현상과 국제결혼으로 인한 이주 현상으로 상정할 때, 전자와 관련하여 굿거버넌스는 특별히 노동력 착취와 관련된 구조적인 문제점, 편협한 인식의 문제점과 관련에 주목해야 한다.

국가사회 안에서 각 계층의 인권과 관련된 사안에 대해서 기독교 민간단체와 조직들이 윤리적 측면에서 그동안 나름의 역할을 해 왔던 것은 사실이다. 그리고 이러한 역할은 당연히 확대되고 좌우 입장을 넘어서 교계의 대사회 참여적 역할로서 확산되어야 한다고 본다. 그동안 수많은 작업 현장에서 벌어지고 있는 값싼 노동력을 얻기 위한 불법적인 행태들과, 경제적인 이유로 강력한 조치를 취하지 않고 있는 정부 기관을 보면서도 그것은 교회가 접근할 수 없는 영역인 것처럼 외면되어 왔다. 안타까운 사람들 쫓아 보낼 수 없어 그저 숨겨 주고 상처 난 곳에 빨간약을 발라 주는 식의 온정주의적 태도를 보여 왔다. 그러나 이제는 교계 각 기관이 굿거버넌스의 입장에서 제도적인 장치 마련을 위한 적극적인 입장 표명과 역할 담당을 감행하여야 할 시점에 와 있다.

전 편에서도 살펴보았지만 사사시대 이스라엘 백성은 가나안 지역을 정복

하면서 가나안 종족들을 노예로 삼아 노동력 착취를 일삼았다(삿1:27-35). 역사적으로도 하나님의 품을 떠난 모든 시대 정복 전쟁의 여러 동기 가운데 가장 해악적인 것은 전리품과 함께 노동력을 착취하는 것이었다. 과거든 현재든 힘없고 기득권이 없는 사람들을 끌어다가 값싼 노동력을 얻겠다는 시도는 노동력을 착취하겠다는 의도를 반영한다. 이제 교회는 지역 공동체의 일원으로서 불법적인 노동시장의 활성화를 막는 일에도 적극 가담하여 굿거버넌스의 역할로서 공동규제, 공동지도의 과제를 감당해야 할 줄 안다.

2) 사회 통합을 위한 장 마련

교회는 사회 구성의 중요한 일원이자 동시에 대사회적 책임을 지닌 존재이다. 이런 맥락에서 사회 통합을 위한 노력에 힘을 기울여야 할 필요가 있다. 그런 노력의 일환으로 다문화 주요 지역의 교회들이 연합적인 형태로 지역의 외국인 노동자들에 대한 다양한 문제점들을 구체적으로 펼쳐 내어 문제의 소지를 갖고 있는 원인들을 함께 찾아가는 실천적 노력이 필요하다. 단순히 온정주의적인 지엽적 지원으로 그치지 말고 구조적인 제도적인 차원에서 문제의 근본 원인들을 처리해 나갈 제도 마련을 위해 그 정확한 실태 파악과 이에 따른 논의의 장이 준비되어야 한다는 말이다.

논의의 장의 필요성은 외국인 노동자들의 기본적인 인권을 위한 길일 뿐 아니라 지역사회, 나아가 전체 한국사회의 사회적 통합을 위한 길이기도 하다. 한국에 와있는 외국인 노동자들도 거주하는 동안, 사실상 이 사회의 일원이다. 그들의 불만과 고통은 사회 통합에 결코 좋은 결과를 가져올 수 없다. 한국을 떠나간 수많은 외국인 노동자들이 한국에 대한 극도의 부정적 이미지를 갖고 있다는 것은 잘 알려진 사실이다. 그들 중 많은 노동자들은 열악한 환경에서 노예나 다름없는 생활을 하며 노동력을 착취당하다가 쫓겨 간 경험자들이다. 물론 그들 대부분은 불법 이주노동자이지만 그처럼 척박한 여건에서 이용당하도록 만든 우리 쪽의 잘못이 오히려 더 크다. 이런 수치스런 과정에서 순수하고 긍휼 많은 일부 목회자들을 제외하면 대부분의 교회들은 자신들과는 상관없는 일로 외면해 왔다.

이제는 근본적인 문제점을 드러내고 함께 공감대를 형성할 만한 논의의 장이 필요하다 물론 그동안 몇몇 기독교 윤리를 다루는 유관 기관에서 학적 논의를 해 왔던 것이 사실이다. 그러나 이런 논의들은 그저 학계의 울타리를 벗어나지 못했다. 이제는 그들을 포함하여 범 교회적인 참여가 필요하다. 따라서 지역 교회 연합체들이 솔선하여 이런 논의의 장을 펼치는 것이 요청된다. 논의의 장이 마련되면 여기서 토론되고 연구된 많은 문제점들이 공개적으로 사회적 논의 거리로 확산되고 국민 여론을 통해 정부 기관에 영향을 주어 제도적 변화의 실마리를 찾을 수 있게 된다. 모든 제도적 장치 마련은 이처럼 실제적인 문제점들이 많은 사람들에게 공감대를 얻음으로써 가능해진다. 이런 사회적 문제의 중심에 교회가 앞장서는 것은 '복음의 사회적 책임'이라고 하는 기독교적 사명과도 관련이 있다. 따라서 이 영역에 대한 각 교회와 지역 교회 연합체들의 지속적이고 적극적인 노력들이 요청된다고 하겠다.

논의의 장을 마련하는 동시에 교회가 준비할 수 있는 또 하나의 장은 교육의 장이다. 사회 통합이라는 것은 단지 구조적 제도적 장치를 마련하는 것으로 그치지 않는다. 동시에 인식의 전환을 위한 교육적 노력도 동반되어야 한다. 인식의 변화를 전제하지 않은 사회의 변화란 가능하지 않기 때문이다. 물론 일차적으로 목회자들은 각 지역 교회의 강단을 통해 외국인 노동자들에 대한 올바른 인식을 심어 줄 수 있다. 그러나 이것은 초보적인 일이다. 오히려 강단에서는 교육적 인식 변화를 위한 방향 제시를 소개하고 지역 교회 연합체가 연합적 사업으로 지역 공기관의 지원을 받아 지역민들을 위한 교육의 장을 마련하는 일이 필요하다. 그러니까 지역민의 인식 변화의 중심에 교회가 주체자로 앞장서야 한다는 말이다.

이를 위해서 교회는 다문화 상황 정보에 대한 정확한 인지가 필요하고 목회자들을 대신해서 이런 방향의 일을 추진해 나갈 준비된 전문인들을 교회의 일원으로 확보하는 작업도 뒤따라야 할 것이다. 또한 단일 교회가 감당하기에는 쉽지 않기 때문에 지역의 교회 연합체가 공기관의 지원을 받을 수 있는 계기를 마련할 필요도 있다. 실제로 지역 관공서의 사회복지담당부서에서는 지역의 외국인 노동자 문제와 다문화 가정의 문제를 놓고 사회적 인식 변화를 위해 지역 사회의 여러 기관들과 공조해야 될 필요성을 절감하고 있다. 사회 인식 변화에 있어서 정부 관련 기관의 노력만으로는 힘에 벅찬 한계 영역이 있음을 인정하는 것이다. 따라서 지역 교회 연합체가 공기관과의 적극적인 접촉을 통해 사회적 인식 변화와 사회적 통합을 위한 노력을 공조할 수 있을 것이다.

2. 복지 혜택을 위한 역할

1) 외국인 노동이주자를 위한 의료적 혜택 제공

현재 한국에 나와 있는 외국인 근로자들의 노동 환경이라고 하는 것은 매우 열악한 것이며 특히 3D 업종에서 일하고 있는 불법 이민자들의 노동환경은 극히 위험하고 불안한 조건 아래 놓여 있다. 게다가 그들의 의·식·주 등 생활환경 역시 불결하고 비위생적인 환경에 처해 있다. 따라서 많은 외국인 노동자들이 상해를 입고 건강에 문제가 발생한다. 그러나 그들에 대한 의료적 시설이나 법적 대책은 거의 전무한 형편이다. 한 외국인 불법 이주노동자가 야간에 도로를 횡단하다가 그만 차에 치어 크게 골절을 당했다. 운전자가 병원으로 이송하여 치료를 받도록 도우려 했으나 경찰차 소리를 듣자 그 상한 몸을 끌고 어디론가 사라졌다고 한다. 고통보다 더한 것이 그들에게는 추방이었기 때문이다. 그들의 입장에서는 엄청난 빚을 지고 마련한 돈으로 코리안 드림을 품고 이 땅에 들어왔다. 오직 돈을 벌겠다는 일념으로 고통을 참고 살아왔기에 추방은 너무도 큰 절망을 안겨 주는 일이다. 게다가 추방은 그들로 하여금 결코 해결할 수 없는 빚더미에 앉게 만드는 일이다. 참으로 눈물겨운 일이다.

교회가 선한 사마리아인의 역할을 감당해야 한다는 것은 시간과 공간을 초월하여 변함없이 실천되어야 할 보편적 원리이다. 시간적으로나 물질적으로 여유 있고 풍요로운 지역 교회에서 몇몇 교회를 제외하고 어려운 처지에 처한 사람들을 외면하는 것은 예전이나 지금이나 여전한 것 같다. 여리고 길에서 강도를 만나 상해를 입은 자를 외면하고 지나친 사람들은 다름 아니라, 가장 실천적 모범을 보여야 마땅한 레위인과 제사장이었다. 그러나 정작 상해입은 자를 도운 것은 무시당하고 업신여김을 당하던 사마리아인이었다. 오늘날에도 고통당하는 외국인 노동자들을 돕는 사람들은 대개 넉넉하지 못한 처지에 있는 것 같다. 어려운 처지를 경험해 본 사람들이 훨씬 그들의 고통을 마음으로부터 공감하고 진정성을 담아 실제적으로 돕는다.

육체적으로 어려운 처지에 있는 불법 노동자들을 의료적으로 돕는 것은 물적·인적 자원이 모두 필요한 일이다. 따라서 이 부분의 역할을 서로 분담하는 작업이 필요하다. 재정적인 지원에 더 신경 쓸 수 있는 교회들이 있다. 그런가 하면 인적 지원에 더 많은 관심과 실제적인 도움을 줄 수 있는 교회들이 있다. 이에 따라 이 두 유형의 교회들 간에 네트워크를 통해 함께 갈 수 있는 길을 모색하는 것도 좋은 방안이 될 수 있다. 좀 더 실제적인 의료적 지원으로는 큰 규모의 교회 안에 있는 의료전문가 그룹이 주일 등 일정한 시간에 교회 한 공간을 빌려 외국인 노동자들에 대한 의료 지원을 베풀거나 작은 규모의 교회들이 연합하여 물적·인적 자원을 모아 정기적인 의료 지원을 외국인 노동자들이 많은 지역으로 방문 지원하는 방법 등이 있을 수 있다.

2) 외국인 이주자들의 복지를 위한 대정부적인 조치 마련

현재 정부의 여성가족부에서는 전국에 171개의 다문화가족지원센터를 마련하여 한국어 교육, 다문화 이해교육, 가족 교육, 취업 지원, 이민자 여성들끼리의 자조모임 등 사회 적응 지원서비스를 제공하고 있다(이성미, 2010:167).

구체적인 교육의 내용을 보면 지원센터를 중심으로 한국어 교육 뿐 아니라 은행일, 시장 보기, 관공서 이용법, 한국 음식 요리, 상담 등 다양한 지원 프로그램을 마련하고 있고 취업 교육 및 통번역 서비스, 육아문제 등에 이르기 까지 복지적 혜택을 위해 노력하고 있다.

그러나 문제는 이런 서비스의 대부분이 오직 다문화 가정의 국제결혼자들을 대상으로 하는 프로그램이라는 점이다. 불법 이주노동자들을 대상으로 하는 법적인 제도적인 장치는 마련되어 있지 못한 실정이다. 바로 이 지점이 교회가 책임지고 섬겨야 할 영역이다. 이미 정부 기관이 지원센터를 통해 진행하고 있는 여러 프로그램을 원용하여 이런 불법 이주노동자들에 대한 상담 및 법적 지원의 통로 구실을 하는 것이 필요하다.

교회가 불법 이주노동자들을 숨겨 주는 일에 앞장설 수는 없는 노릇이다. 그러나 일단 고통 받고 있는 사람들을 실제적으로 돕는 일은 마땅한 도리이다. 서구에서는 겨울철 눈이 온 날에 집 앞의 눈을 치우는 것이 법적으로 의무화되어 있다. 지나가다가 누군가가 넘어져 다치면 그 집 주인이나 가게 주인이 보상해야 한다. 이런 원리적인 맥락에서 불법 이주노동자 문제를 생각해 볼 필요가 있다고 본다. 그들이 우리 땅을 밟고 서 있는 동안 우리의 제도적 · 법적 조치 미비로 말미암아 해를 받은 것에 대해서는 당연히 한국인들이 책임져야 한다는 말이다. 예를 들어 임금을 받지 못한 것에 대한 문제라든지 공장에서 안전장치 미비로 말미암아 상해를 입었다든지 하는 등의 문제이다. 물론 정부의 입장에서는 그들은 이미 법을 벗어나서 법적인 보호를 받을 수 없는 자들이라는 명분 때문에 외면하는 것이 현실이다. 이 지점에 바로 교회의 역할이 있어야 한다는 말이다. 이를 위해서 먼저 인간적인 신뢰 관계를 형성하여 그들의 형편과 처지를 정확히 파악해서 도의적인 지원을 책임지는 일을 맡아야 한다.

여기서 더 나아가 그들을 돌보는 입장에서 정부에 대한 합리적인 제도적 · 법적 조치 마련을 위한 의견 제시가 필요하다. 그들의 자문역으로서 대정부적인 역할을 맡는 것은 모든 법적 보호권에서 벗어나 있는 강도 만난 자들을 돕는 사마리아적 선행이다. 특히 악덕 공장주들에 의해 불법 이주노동자들에게 가해지는 착취 행위가 아직도 이 땅에서 버젓이 자행되고 있는 모습은 정말이지 한숨 밖에 나오지 않는다. 저임금, 노동시간 초과, 임금 체불 등 노동력 착취의 사례는 모든 상황이 은밀하게 진행되고 있어서 이를 파헤치는 일은 정부조차도 감당하기 힘든 일에 해당된다. 게다가 단순히 돈을 벌 목적으로 많은 빚을 내어 한국 땅에 온 불법 이주노동자들로서는 자신들의 처지를 대신 변호해 주고 보호해 줄 어떤 배경도 갖고 있지 못하다. 이 지점에 교회의 역할이 중요하다.

물론 목회현장에서 시간을 따로 내기 조차 힘든 목회자들에게 불법 이주노동자 문제는 여력과 시간을 별만한 관심 있는 주제가 되기 어렵다. 그럼에도 불구하고 그들이 여리고 길에 강도 만난 사람들이 분명하다면 어찌되었든 이 땅의 교회들이 책임져야 할 대상인 것이다. 따라서 이런 주제를 놓고 법 제도가 권위 있고 분명하게 집행되도록 여론을 강력히 제기해야 한다. 또한 잘못된 법 집행이 일어나지 않도록 견제하는 일에도 교회가 나서야 하고 불법적인 체류가 가능한 환경을 막는 일에도 분명한 대안이 마련되도록 조처할 것을 지적해야 한다. 느슨한 형태의 법적 제재 환경이 저임금 노동력의 착취를 부추기게 한다는 사실을 정부로 하여금 정확히 일깨우도록 각성의 분위기를 조성시키는 데 교계가 나름의 강력한 여론 기능을 감당해야 한다.

3) 외국인 이주자들에 대한 교육과 회복의 장 마련

외국인 노동자와 국제결혼으로 형성된 가정에서 자녀들이 겪는 정신적 고통은 생각하기 어려울 정도로 심각하다. 최근 몇 년 사이에 정부 기관의 다양한 대책 마련으로 많은 부분에 제도적인 장치와 프로그램들이 마련되었다. 국제결혼 가정의 자녀들을 대상으로 대학생 멘토를 배정하여 학습, 상담, 문화 체험을 지원하고 다문화 지도사를 양성하여 이런 가정 학생들을 위한 특수 영역의 교육 지원책을 마련하고 있지만, 제도적·형식적 지원책은 행정 서식에 나오는 외시용 정책안과 연례 행사적 사건에 머무는 측면이 크다. 현실적인 도움은 한 영혼, 한 영혼에 대한 진정성이 담긴 사랑의 관심과 정신적 위로 그리고 낯선 환경 스트레스 해소 등 실제적 치유책으로 나타나야 한다.

특히 인권, 복지(교육)의 사각지대라 할 수 있는 불법체류자와 그 자녀에 대한 문제는 심각한 사회 문제로까지 확산될 수 있는 사안이다. 제대로 교육받지 못하고 사회의 일원으로 바르게 성장하지 못한 체류자들의 자녀들이 사회적 박탈감 속에서 사회의 불량 집단 소속으로 전락할 수 있는 여지는 그 누구보다도 커지기 때문이다. 이렇게 되면 훗날 사회적 회복을 위해 이 사회가 지불해야 할 예산은 천문학적인 수치로 나타날 것이 분명한 노릇이다. 이런 문제의 소지를 어떻게 풀어 나갈 것인가? 쉬운 해답은 없다. 다만 상처받은 그들을 감싸 안아 주어야 하는 책임이 확실히 우리에게 있다는 것은 확실하다. 여기에 우리의 어려움이 있다. 그럼에도 불구하고 이 책임을 해결하지 못할 문제로만 생각할 필요는 없다. 오히려 매우 소중한 사역의 장으로 펼쳐질 수도 있다. 다시 말해 그들에 대한 선교의 기회를 얻게 되고 교회 내부의 역량을 강화하고 축복된 결과물을 얻게 되는 매우 소중한 사안이 될 수도 있다.

국제결혼 가정의 학생들이 학교에서 겪는 차별과 편견은 참기 어려운 수준인 경우가 많다. 학교 수업을 따라가기 힘든 경우도 흔하다. 그도 그럴 것이 가정환경이 언어 습득에 제한을 주며 대개 맞벌이 부모 혹은 가르칠 만한 수준이 안 되는 가정 환경으로 인해 그만큼 가정에서의 학습 지도가 미흡한 처지에 있다. 그러다 보니 자녀들이 갖는 정신적 · 정서적 갈등은 견디기 힘든 수준의 고통으로 나타난다. 이들이 받는 마음의 상처를 누가 회복시키고 그 스트레스를 누가 해소시킬 수 있겠는가? 그 해답은 결국 교회다.

최근에 민간단체나 대기업들이 국제결혼 가정을 위한 다양한 지원 프로젝트를 내놓고 있다. 쌍용그룹에서 지원하는 '한국다문화센터'에서는 혼혈 자녀를 대상으로 '레인보우 어린이 합창단'을 운영하고 있으며 LG그룹은 2009년 12월 '사랑의 다문화 학교'를 세워 본격적인 국제결혼 가정 출신의 과학인재 육성, 이중 언어 능력 향상 교육, 음악 영재 교육을 위해 지원에 나섰다(이성미, 2010:344). 훌륭한 기회들이 제공되고 있으니 일단 박수를 보내야 한다.

그러나 한편으로는 이런 혜택을 입는 대상은 소수에 불과하고 또 한편 이것은 기업체의 이미지 홍보용 자료적 의미가 크다. 여기서 소외되고 제외된 국제결혼 가정의 어려운 처지에 있는 대다수 학생들, 이들은 결국 교회의 몫이라는 생각을 염두에 두어야 한다. 먼저 우리는 그들에게 찾아가 따뜻한 손을 내미는 마음 씀씀이부터 준비해야 한다.

일부 대형교회와 선교단체들이 외국인 이주자들의 정신적 · 문화적 어려움을 돕기 위해 상담실과 지원 시설을 운영하고 있다. 이때 유의해야 할 점이 상담의 특수성 문제이다. 다문화 상담은 기존의 단일 문화권 내의 상담과는 구별된다. 다문화권의 내담자들은 상담으로 인해 오히려 피해를 입는 경우가 많기 때문이다. 내담자의 문화적 특수성을 정확히 파악하지 못한 채 진행되는 상담으로 인해 부정적 결과들이 종종 보고되고 있기 때문이다. 따라서 내담자의 문화적 배경과 정서적 · 물리적 필요를 충분한 이해하는 전문가에 의한 상담이 매우 시급한 문제로 대두되고 있다.

3. 다문화 선교를 위한 역할

1) 외국인 이주자를 위한 선교

예수님은 이방인에 대한 깊은 관심을 가지셨다. 흔히 그 분은 유대인에게만 복음을 전한 것처럼 이해하는 경향이 있지만 그것은 사실이 아니다. 그는 대표적인 이방 땅인 시돈과 두로에 가서서 사역하시고 수로보니게(베니게-페니키아) 여인에게 은혜를 베푸시기도 하셨고 유대인들이 혼혈로 인해 이방인들보다 더 천시하던 사마리아인들에게도 복음을 전하셨다. 로마 백부장과의 만남에서는 "이스라엘 중에 아무에게서도 이만한 믿음을 만나 보지 못하였노라(마 8:10)." 말씀하시며 그와의 만남 속에서 신앙적 요소를 확인하셨다.

초대교회는 사도 바울을 이방 선교를 위한 사도로 세웠고 소아시아와 로마 전역의 이방 선교를 위한 전초지로 안디옥 교회의 역할을 주목했다. 성경에서는 유대인과 이방인이 그리스도 안에서 하나임을 누누이 확인할 수 있다. 이는 이방 선교의 전제 속에서 펼쳐지는 결과들이다. 초기 기독교회의 두드러지는 특성은 초대 신앙 공동체 안에 이방인들로 구성된 일단의 무리가 포함되어 있다는 점이다. 이는 예수 그리스도의 지상 명령의 가르침 속에 그 토대를 두고 있다.

"너희는 가서 모든 민족을 제자로 삼아 아버지와 아들과 성령의 이름으로 세(침)례를 베풀고 내가 너희에게 분부한 모든 것을 가르쳐 지키게 하라(마 28:19-20)."

이 선언은 이방 선교에 대한 매우 구체적인 가르침을 확증해 주고 있다. 한국교회가 외국인 노동자들에 대해 관심을 갖게 된 것은 88년 올림픽 이후 이주해 온 노동자들이 교회에 출석하면서 부터이다. 92년부터는 외국인 노동자들을 위한 예배가 '회년 선교회'를 중심으로 드려지기 시작했다. 93년 3월에는 '한국 외국인 노동자 선교회'가 발족된 이후 현재까지 외국인 노동자를 위한 돌봄과 선교 사역이 이어지고 있다. 이렇듯 계속해서 찾아 들고 있는 외국인 노동자들에 대한 한국교회의 가장 중요한 역할은 당연히 선교에 있다. 문제는 우리의 선교가 섬김과 돌봄 속에서 일어나야 한다는 점이다. 어찌 보면 선교와 섬김은 결코 나누어진 게 아니다. 함께 가야 할 통합체적인 것이다. 외국인 노동자들에 대한 사역에 있어서도 두 요소 간의 통합의 중요성이 확연히 드러난다.

외국인 노동자 선교에 있어서 가장 큰 어려움은 무엇보다도 이들이 돈에 대한 집착이 매우 강하다는 점이다. 그들이 이 땅에 온 목적 자체가 어떤 시련과 어려움이 있더라도 돈을 벌어 자국에 있는 가족들을 먹여 살리겠다는 것이고 돈을 벌게 되면 그것을 바탕으로 자신의 꿈을 이루어 보겠다는 일념이다. 따라서 돈에 대한 그들의 집념은 매우 강렬하다. 이런 태도를 지닌 외국인 노동자들의 내면에 복음의 메시지가 자리할 여지가 매우 비좁다는 점을 인식해야 한다. 그들이 교회에 나오는 이유는 더 많은 정보를 얻고 한국인들의 도움을 받아 무언가 유리한 현지 생활을 얻어내겠다는 생각들이 일반적이다. 한편 그들이 갖는 심리적 압박감과 생존 의식은 매우 강도 높다. 특히 불법 이주노동자들의 경우에는 더욱 그러하다.

그러므로 외국인 노동자들을 대상으로 하는 선교는 결코 간단하지 않다. 그러기에 이들에 대한 선교가 철저한 섬김과 성령의 특별한 능력을 의존하지 않고는 매우 어려운 것이라는 점을 먼저 인식해야 한다. 그럼에도 불구하고 낯선 땅에 와서 차별과 고독, 인간적 갈등과 냉대, 불안과 그리움 등 인간이 겪을 수 있는 모든 부정적 감정과 정신적 육체적 고통을 안고 있는 이들이기에 오히려 복음의 접촉점을 마련할 수 있다는 확신을 가질 필요가 있다.

특히 한국인 고용주들에게 당하는 임금 체불과 인간적 모독 그리고 산업 재해 등은 오히려 교회가 앞장서 상처를 감싸 안아 줌으로써 복음을 받아들이게 만드는 절호의 기회가 될 수 있다. 외국인 노동자 선교와 관련하여 우리가 꼭 짚고 넘어가야 할 것은 이런 선교는 결코 프로그램으로 되는 것이 아니라는 점이다. 다시 반복하지만 철저히 예수 그리스도가 보여 준 모본을 따라 섬김과 돌봄 그리고 헌신이 전제가 되어 마음을 나누는 선교가 되어야 한다.

외국인 노동자 선교는 이러한 섬김을 시작으로 관계를 형성하고 개인적인 멘토링 관계 속에서 삶 자체를 나눔으로써 가능해진다. 이런 관계가 결국 진정성과 신뢰를 얻어 구원의 사건으로까지 이어지게 된다. 여기서 기왕이면 정부 기관과 교회 그리고 관련 기관들의 협조 속에서 진행되는 것이 바람직하다. 현재, 지역의 개교회 중심으로 외국인 노동자와 국제결혼 가정을 위해 사역이 펼쳐지고 있는 것은 좋으나 한편으로 아쉬운 점이 많다.

개교회의 헌신과 노력은 소중한 것이지만 관련 기관들과의 네트워크를 통한 정보 교류가 미비하고 중복투자 및 경쟁 구도로 말미암는 문제점은 반드시 극복할 사안들로 지목된다.

2) 외국인 이주자의 교류의 장 마련

외국인이 낯설고 물설은 이방 땅에서 살아간다는 것은 결코 쉬운 일이 아니다. 의사소통의 어려움과 낯선 환경과 이주로 인해 부딪히는 현실 문제는 수많은 긴장과 스트레스를 일으키게 된다. 여기에 더하여 가족과 고국에 대한 향수병은 외국인 이주자들의 정신적 충격과 갈등을 극에 달하게 만든다. 이러한 형편의 외국인 이주자들에게 마음과 정서를 나눌 수 있는 교류의 장이 펼쳐지는 것은 매우 소중한 일이고 실제적인 도움이 된다. 물론 정부 관련 기관에서는 한국의 명절과 같은 기간에 많은 행사들을 개최함으로써 그들로 하여금 마음의 위로를 얻을 수 있는 여러 기회들을 제공하고 있다. 그러나 이런 정서적인 문제는 한두 차례 행사로 해결될 사안이 아니다. 지속적으로 나눌 수 있는 교류의 장이 제공되어야 한다. 교회는 이 지점에서도 감당해야 할 역할이 있다.

그렇다면 여기서 교회가 감당해야 할 역할, 그 구체적인 실천 방안에는 어떤 것이 있을까? 우선, 교회는 외국인 이주자들이 함께 모일 수 있는 장소와 이들을 돕는 지원 그룹에게 필요한 장소를 제공할 수 있다. 실제로 외국인 이주자들은 그들이 서로 교제하며 쉴 만한 장소가 부족하다. 아울러 그들을 돕는 지원 그룹들도 대개 재정적으로 열악하여 딱히 장소가 없는 경우가 많다. 이 지원 그룹들은 외국인 이주자들이 자체적으로 만드는 경우도 있고 그들을 돕고자 하는 친절하고 의식 있는 내국인들이 구성하는 경우도 있는데 이들 모두는 한결 같이 재정적으로 넉넉한 처지가 아니다. 이럴 경우 교회가 일부 장소를 제공하여 나눔과 쉼의 장소로 활용할 수 있게 한다. 이것은 대양을 횡단하는 철새들이 잠시 쉬었다 갈 휴식의 섬을 만나는 것과 같다.

또한 이들에게 정부의 지원과 도움이 될 정보를 담은 안내 자료를 제공하는 것도 교류의 장을 마련하는 중요한 계기가 될 수 있다. 한국어 교실이라든지 문화 교육이라든지 긴급보호 혹은 언어 통역 봉사, 정보 방송 등[3]을 활용하는 방법이 무엇인지 몰라서 도움의 손을 비껴가는 경우가 많다. 이들이 쉽게 자료를 접할 수 있도록 각국의 언어로 준비된 팜플렛과 자료 안내집을 교회에 비치해 놓는 것도 교류를 위한 통로 구실을 감당하는 것이 될 것이다. 이주자가 많이 있는 곳에서 교회 주보와 함께 지원받을 수 있는 자료들을 담은 팜플렛을 돌리거나 시선이 잘 가는 곳에 비치해 두는 것도 교회가 할 수 있는 등대와 같은 사역이 될 것이다.

---

3) 이주 여성을 위한 생명의 전화: 1577-1366
  이주 여성 긴급 지원센터(www.wm1366.org)에서는 8개국 상담이 가능하다.
  언어문화 봉사단 bbb: 한국 bbb운동은 다문화 시대에 어울리는 17개 언어문화 자원봉사 센터이다. 1588-5644
  이주자를 위한 정보방송 www.mntv.net은 외국인 이주자들이 스스로 여론을 형성하고 한국사회와 소통하는 방송
  이주자 음악치료방송 http://www.wjf.kr/broadcast/main.aspx
  다문화 관련 정보 사이트:다문화 가족 IT박물관 '다누리'(http://liveinkorea.mogef.go.kr/changelocale.do)
  국경없는 마을: 안산시 원곡동에 위치한 다문화 특구
  안산 외국인 주민센터: 외국인 이주자들에게 맞춤형 프로그램 제공

도움 받은 글

고모다 마유미(2007). "일본의 다문화 공생은 가능한가?"《민족연구》특집호 51-64.

김범수(2010). 『다문화 사회 십계명』 서울: 리북.

김범수 외(2010). 『알기 쉬운 다문화 교육』 서울: 양서원

김병조 외(2011). 『한국의 다문화 상황과 사회통합』 성남: 한국학중앙연구원 출판부.

김선욱 외(2008). 『다문화 사회와 국제이해교육』 서울: 동녘.

김연권(2009). "다문화 사회와 다문화주의" 최충옥 외 『다문화교육의 이론과 실제』 서울: 양서원.

김은기(2009). "캐나다 한인과 다문화주의" 『재외동포와 다문화』 2009년 재외한인 학회 세계한상문화연구단 공동학술대회.

김이선, 황정미, 이진영 (2007). 『다민족 다문화사회로의 이행을 위한 정책 패러다임 구축: 한국사회의 수용 현실과 정책과제』 서울: 한국여성정책연구원.

박단 외(2009). 『현대 서양사회와 이주민』 서울: 한성대학교 출판부.

박천응(2010). 『다문화교육의 탄생』 안산:(사)국경 없는 마을.

아야베 쓰네오(1999). 『문화를 보는 열다섯 이론』 이종원 역. 일산: 도서출판 인간사랑.

엄한진(2011). 『다문화 사회론』 서울: 도서출판 소화.

오경석 외(2007). 『한국에서의 다문화주의』 서울: 도서출판 한울.

오성배(2006). "한국사회의 소수민족, 코시안 아동의 사례를 통한 다문화 교육의 방향 탐색"《교육사회연구》제16권 4호, 137-157.

오태균(2006). "다문화 사회 속에서의 기독교 교육적 과제"《기독교교육정보》제15

집.서울: 한국기독교교육정보학회.

윤인진(2005). 『코리안 디아스포라』 서울: 고려대학교출판부.

윤인진 외(2007). 『북미의 한민족청소년 현황 및 생활 실태 연구』 한국청소년정책
　　연구원.

윤인진(2008). "한국적 다문화주의의 전개와 특성: 국가와 시민사회의 관계를 중심
　　으로."《한국사회학》42(2): 72-103.

윤인진(2010). 『한국인의 이주노동자와 다문화사회에 대한 인식』 서울: 이담북스.

이성미(2010). 『다문화 코드』 서울: 생각의 나무.

이성언, 최유(2006). 『다문화 가정 도래에 따른 혼혈인 및 이주민의 사회통합을 위
　　한 법제지원방안 연구』 서울: 한국법제연구원.

장훈택(2010). "한국교회 외국인 노동자 선교의 방향" 『복음과 선교』 제13집.서울:
　　한국 복음주의 선교학회.

정영근 외(2008). 『지구화, 다문화사회 그리고 교육: 아시아의 교육』 한국교육철학
　　회 2008국제컨퍼런스.

최충옥 외(2010). 『다문화교육의 이론과 실제』 서울: 양서원.

한승준(2007). "프랑스 다문화사회정책의 현황과 전망" 『다문화사회와 문화정책 세
　　미나』 , 2007-2008 문화예술박람회, 한국문화예술진흥원 31-48

황정미,김이선,이명진,최현,이동주(2007). 『한국사회의 다민족 다문화 지향성에 대
　　한 조사연구』 한국여성정책연구원 간행.

Banks, James A.(2011). 『다문화 교육: 현안과 전망,7판』 차윤경 외 역 서울: 도서출
　　판 박학사.

Banks, James A.(2008). 『다문화교육입문』 모경환 외 역. 서울: 아카데미 프레스.

Christine I. Bennett(2009). 『다문화교육 이론과 실제』 김옥순 외 역. 서울: 학지사.

Fiske, John(1997). 『Global, national local Some problems of culture in a postmodern world』 Velvet Light Trap. 40. 56-57.

Fleras, A. & Elliot, J.L.(1996). 『Unequal relations: An introduction to race, ethnicand Aborignal dynamics in Canada. Scarborough』 : Prentice Hall Canada.

Glazer, Nathan(2009). 『우리는 이제 모두 다문화인이다』 서종남, 최현미 역, 서울: 미래를 소유한 사람들.

Hinz, Evelyn J.(1996). "A Cognitive Introduction." Mosaic. 29 (3), 7-12.

Kymlicka(2001). 『Politics in the vernacular: nationalism, multiculturalism, and citizenship』.Oxford University Press.

Jenks, Chris(1996). 『문화란 무엇인가』 김윤용 역. 서울: 현대미학사.

May, Stephen(1999). 『Critical Multiculturalism: rethinking multicultural and antiracist education』.London: Falmer Press.

McLaren, Peter(1994). "While terror and opposional agency: towards a critical multiculturalism" in David Theo Golberg (ed.) Multiculturalism: A Critical Reader, Oxford UK & Cambridge, USA: Blackwell: 45-74.

Ramsey, Patricia, Leslie Williams, and Edwina Vold(2002). 『Multicultural education: A sourcebook』.New York: Routledge Falmer.

Rosaldo, Renao(2000). 『문화와 진리』 권숙인 역. 서울: 아카넷.

Semprini, Andrea(2010). 『다문화주의: 인문학을 통한 다문화주의의 비판적 해석』 서울: 도서출판 경진.

V. 다문화에 대한 성경적 이해

심 민 수 (미드웨스턴침례신학대학원/실천신학)

1. 구약성경의 이방 문화 · 이방인 이해

구약성경에서 히브리 문화와 이방 문화 사이에는 상당한 긴장감이 감돈다. 고대 문화는 항상 지역의 종교와 밀접하게 연결되어 있었고 종교적 이미지가 형상화되어 종교의 세계관이 문화 속에 반영되는 경우가 많았다. 이렇듯 문화 풍속 속에 내재하는 종교적 양상은 고대 사회에서 종교가 차지하는 위치와 밀접하게 관련되어 있었다. 특히 제정일치를 보여 주는 고대 사회에서 종교적 제의는 곧 고대인들의 삶의 양식이 되었고 삶의 양태를 표현하는 결정적인 요인이 되었다. 따라서 고대 근동 가나안 지역에서 가장 대중적인 우상 종교였던 바알 종교가 그 지역의 종족 문화를 만들어 내었을 뿐 아니라 주변의 종교들에도 혼합주의적 양상으로 영향을 주고 있었다.

'바알'은 비를 내리는 우레의 신으로서 고대 근동의 농경 생활자들에게는 필수적인 존재였다. 이와 더불어 '아세라'는 번식의 신으로서 근동의 유목 생활자들에게 없어서는 안 될 필연적 우상으로 자리 잡고 있었다. 추수 시기가 다가오고 가축들의 번식기가 찾아오면 이런 우상 종교는 종교 제의를 통해 사람들의 삶과 세계관에 깊은 인식을 심어 주었다. 특히 이 우상 종교들의 사제들은 그들의 우상인 바알과 배우자 아스다롯을 움직이기 위해 제단에서 생식의 상징적 행위로써 남녀 사제 간에 성적 교합을 벌이는 의식을 벌였다. 이런 행위는 그 우상을 섬기는 종족 사회에서 중요한 교시와도 같이 삶의 행태에 직접적으로 영향을 주는 행습이 되었고 그 결과는 사회의 부도덕과 반인륜적 악습을 자연스럽게 받아들이고 확산시켜 가는 형태로 나타났다.

이방 종족들에 대한 바알 종교나 아세라 종교의 영향은 고대 근동 특히 가나안 지역의 여러 종족들의 삶의 스타일에 그대로 나타났다. 문제는 우리가 잘 아는 대로 이스라엘 백성들의 삶과 문화 속에도 깊숙하게 영향을 주었고 우상과 함께 들어온 이방의 악습이 이스라엘 백성들로 하여금 야훼 신앙을 멀리하게 만드는 원인으로 작용하게 되었다는 점이다. 특히 바알 종교의 제단 종교의식은 사람들의 성적인 자극을 촉발시켜 사회도덕적 인간관계를 저급한 수준으로 끌어내리고 사회질서의 붕괴로까지 치닫게 만드는 극히 부정적 현상을 만들어 내었다. 특히 바알 중심의 가나안 문화가 혼합주의적인 형태를 띠고 있었기 때문에 야훼 중심의 이스라엘 공동체의 정체성과 종교문화적 본질에 치명적 타격을 주었다. 이는 구약성경의 여러 기자와 선지자들의 도전적 메시지를 통해서 입증되고 있다.

가나안 정복 전쟁시기부터 바알 종교와 대립 국면에 있었던 야훼 신앙은 모든 땅을 지배하는 분은 진정 야훼이심을 누누이 강조했다. 그러나 그런 가르침을 수용하지 않고 반복적인 패턴으로 바알에게로 회귀하는 모습을 띠었던 이스라엘 백성들의 행태는, 당시로서는 대중 종교로서의 바알 종교의 강력한 면모를 반증하는 것이기도 하다. 기원전 6세기경의 가나안 문화를 보여주는 우가리트 문서 연구를 통해 학자들은 당시 바알 종교의 강력한 위력을 제시한다(오택현,2001:59-78). 바알 종교는 그 시기에 강력한 세력을 지닌 대중 종교였고 그 영향을 받던 북이스라엘과 남유다가 차례로 망하는 원인이었던 것으로 구약성경은 기록한다(대하36:11-20).

"모든 제사장들의 우두머리들과 백성도 크게 범죄하여 이방 모든 가증한 일을 따라서 여호와께서 예루살렘에 거룩하게 두신 그의 전을 더럽게 하였으며…그의 말씀을 멸시하며 그의 선지자를 욕하여 여호와의 진노를 그의 백성에게 미치게 하여 회복할 수 없게 하였으므로 하나님이 갈대아 왕의 손에 그들을 다 넘기시매…" (대하 36:14~17).

역사서에 누누이 기록된 이 같은 기록은 바알 종교 문화와 그 영향력이 만들어 낸 악습에 대한 야훼 신앙의 혐오적 입장이 어떠했는지를 정확히 보여 준다. 남유다(~586 B.C.)는 북이스라엘(~722B.C.)이 망한 지 130여 년이 지난 후 신바벨론에 의해 망할 즈음, 한 가지 중요한 깨달음을 갖게 되었다. 남유다의 종교지도자들은 북이스라엘이 망하고 100년도 지나지 않아 10지파가 완전히 붕괴되고 해체되어 그 명맥이 완전히 사라지게 된 이유에 대해 의문점을 갖게 되었다. 그리고 그 원인이 종교 문화와 신앙적 정체성을 교육하지 못한 데서 연유한다고 믿게 되었다. 그리하여 포로로 잡혀간 바벨론 땅에서 남유다의 종교지도자들은 결코 그 전철을 밟아서는 안 되겠다고 하는 깨달음을 얻게 된 것이다. 이런 연유로 하여 발생한 것이 회당 교육이었다. 끌려간 바벨론에서 남유다의 지도자들은 회당을 마련하고 그 곳에서 자신들의 야훼 신앙을 회복하였다. 비로소 천지를 지으신 창조주에 대한 가르침이 다음 세대에게 이어지기 시작한다.

이렇게 하여 시작된 회당의 신앙 교육은 야훼 신앙을 중심으로 강력하면서도 배타적인 성격을 지니게 된다. 강력했다고 하는 것은 고난의 과정 속에서 제련된 결과였고 배타적이었다는 것은 과거 선조들의 야훼 신앙을 변절시켰던 우상 종교에 대한 혐오감에서 나온 것이다. 포로기 이후 고국으로 돌아온 유대인들은 수세기도 지나지 않아 팔레스틴이 헬라화 되는 우여곡절을 겪는다. B.C. 2세기에 오면 헬라계 시리아 왕 안티오커스 에피파네스에 의해 성전이 더럽혀지는 혐오스런 광경을 지켜보면서 울분을 가눌 길이 없게 된다. 마카비 전쟁을 통해 회복의 시간이 돌아오지만 이런 과정에서 유대인들은 이방 지역의 우상 종교와 결합된 이방 풍속을 혐오스럽게 취급하고 점차 그런 문화 풍속 가운데 살던 이방인들과 혼혈인(사마리아인)들을 백안시 하거나 배타적으로 대하는 경향이 짙어지게 되었다. 특별히 헬라 문화에 의한 세속화 경향에 반발하여 나타난 소위 '하시딤'으로 일컬어지는 경건주의자들과 여기서 유래된 바리새인과 같은 종교 유파들에 의해 배타적 경향은 유대 사회에서 더욱 강력한 현상이 되었다.

이와 같은 이방 종교 문화에 대한 배타적 성격을 지닌 유대 문화에도 불구하고 구약성경의 가르침이 우상종교에 기인한 문화 현상과 인격으로서의 인간 존재 자체를 분명히 구분하고 있다는 것은 자명하다. 구약성경은 한결 같이 하나님이 이스라엘인이건 이방인이건 불문하고 객이 된 나그네를 향한 배려의 필요성에 대해 일관성 있게 교훈하고 계심을 보여 주고 있다.

> "너는 이방 나그네를 압제하지 말며 그들을 학대하지 말라 너희도 애굽 땅에서
> 나그네였음이라"(출22:21).

이스라엘도 애굽에서 나그네 되었던 처지를 기억하며 이방 나그네들을 향해 정당한 대우와 합당한 태도를 취할 것을 강력하게 주문하고 있다. 레위기에서도 같은 맥락의 가르침이 나온다.

"거류민⁴이 너희의 땅에 거류하며 함께 있거든 너희는 그를 학대하지 말고 너희와

함께 있는 거류민을 너희 중에서 낳은 자 같이 여기며 자기 같이 사랑하라. 너희도 애굽

땅에서 거류민이 되었었느니라. 나는 너희의 하나님 여호와이니라" (레19:33-34).

이로써 하나님은 약자의 하나님이며 이방인에게도 깊은 관심과 사랑을 지닌 존재로 나타난다. 사실 아브라함 역시 원래는 갈대아 우르에서 이주해 온 나그네였고 가나안 땅에 들어가 정착하기까지 하란에서 한동안 객으로 살아야만 했던 신세였다. 가나안 정착 후에도 요셉시대 이후 400년간 애굽에서 객이 되어 살아야만 했다. 모세오경의 여러 사례 속에서 하나님은 이스라엘 백성이든 이방 족속이든 모든 사람들의 하나님 되심을 그가 지시하신 규례와 율법 속에서 찾을 수 있다. 출애굽기의 유월절 규례와 관련하여서 "본토인에게나 너희 중에 거류하는 이방인에게 이 법이 동일하니라"(출12:49), 라고 규정하고 있다. 레위기는 이방인의 생존을 위한 배려에도 교훈한다.

"너희가 너희의 땅에서 곡식을 거둘 때에 너는 밭 모퉁이까지 다 거두지 말고 네

떨어진 이삭도 줍지 말며 네 포도원의 열매를 다 따지 말며 네 포도원에 떨어진

열매도 줍지 말고 가난한 사람과 거류민을 위하여 버려두라 나는 너희의 하나님

여호와이니라" (레19:9-10).

---

4) 구약성경에서 외국인 이주자를 의미하는 표현은 히브리어로 토사브(Tohab), 게르(Ger), 노크리(Nokri) 등이 있다. 토사브는 임시로 거주하는 이방인을 지칭하는 말이고 게르는 장기적으로 거류하는 이방인을 지칭하면서 구약성경에 가장 많이 사용되고 있다. 게르는 다양한 이유로 다른 종족 가운데 이주해 살고 있는 이방인을 통틀어 지칭하는 데 사용한다. 특히 이스라엘 백성에게 정복당하여 복속된 상황에서 이스라엘 안에 살고 있는 거류민을 말한다. 현대적 번역상 외국인 이주자라고 표현하는 것이 적절하다.

이처럼 구약성경은 이스라엘 백성들이 객과 나그네를 포함한 이주 거류민을 호혜와 공존의 정신으로 대우할 것을 명하고 있다. 이스라엘 백성들이 그렇게 해야 할 이유와 근거를 구약은 과거 선조들의 나그네 시절 경험에서 찾는다. 이스라엘도 동일한 고난의 역사적 시간들이 있었기에 동병상련의 자세로 정당히 대우하라고 하신 것이다.

그러나 하나님의 명령과는 달리, 훗날 이스라엘은 가나안 정복 전쟁에서 살아남은 일부 종족들을 몰아내지 않고 노예화함으로써 하나님의 명령을 저버리게 되었다. 여기에는 노동력을 착취하기 위한 이스라엘 백성들의 이기적인 욕심이 자리하고 있었음을 보여 준다.

사사기 1장에는 가나안 정복 전쟁에서 이스라엘의 여러 지파들이 가나안의 일부 종족을 내치지 않았음을 기록한다. "베냐민 자손은 예루살렘에 거주하는 여부스 족속을 쫓아내지 못하였음으로"(삿 1:21). 여부스 족이 베냐민 자손들과 함께 있었다고 보도한다. 1장의 나머지 부분에서도 여타의 지파들이 가나안 사람들은 내치지 못한 사실을 언급한다. 그런데 문제는 이들이 몰아낼 능력이 안되서가 아니라 몰아내고자 하지 않았음을 본문은 시사한다(28절). 그렇다면 이 지파들은 무엇 때문에 가나안 사람들을 몰아내지 않았을까? 그 이유는 그들을 종속시켜 노예로 삼아 노동력을 착취하고자 했기 때문이다. 결국 경제적인 이유에서 비롯되었다. 그런데 문제는 그런 동기에서 비롯된 동거가 전술한대로 위험한 결과, 즉 이스라엘의 급속한 가나안화를 초래하게 되었다는 점이다.

하나님은 나그네를 도우라 했건만 이스라엘은 그들을 착취의 대상을 삼았다. 그 결과 오히려 종교적 변질을 가져왔다. 이것은 예상치 못한 것이었다. 그릇된 동기가 악한 결과를 초래했다.

2. 신약성경의 이방인 이해

사복음서의 행적들을 살펴보면 당시 유대인들이 이방인과 혼혈인들에게 배타적이고 독선적인 경향을 보였던 모습과는 달리 예수님의 태도는 매우 개방적이고 관대했다. 그 당시 유대인들은 혼혈인으로 구성된 사마리아에는 발도 딛지 않았다. 그러나 예수님은 그와는 달리 오히려 의도적인 발걸음을 하셨다. 수가의 우물가에서 거친 인생을 살아왔던 사마리아 여인에게 먼저 대화를 시도하시는 장면은 유대인들에게는 매우 충격적인 일이었다. 음식을 구하러 나갔다가 돌아와 그 장면을 목격한 제자들조차도 그 낯선 모습에 당황하게 되었다. 그런가 하며 예수님은 이방 지역으로 공적 사역을 떠나시기도 하였고 이방인들과의 대화 속에서 그분의 성품의 진면목을 보여 주셨다.

마가복음에 나오는 수로보니게(Syrian Phoenicia)여인은 유대 사회의 차별과 편견 속에 고통받던 한 인물로 묘사된다. 그녀는 자신을 개에 비유한다. 당시 유대인들은 이방인을 혐오 동물인 개로 비유할 정도로 이방인에 대한 인상은 매우 부정적이었다. 본문에서 그런 배경을 고려하여 여인은 자신을 개로 인정하고 있다. 귀신들린 딸을 구해달라고 애원하는 장면에서 수로보니게 여인이 보여 주는 행동과 말은 당시의 유대 문화 속에서 이방인으로 살아간다는 것이 무엇인지 여실히 드러내 주고 있다. 이 배경은 엄밀히 말하면 사회문화적 차이에 대한 문제가 아니라 종교와 인종과 관련된 차이에서 비롯된다. 그런데도 여인의 간청에 대한 예수님의 반응은 당시의 종교적·인종적 편견을 뛰어 넘는 극히 초월적인 일이었다.

예수님의 가르침은 충분한 해석을 필요로 한다. 수로보니게 여인에게 던진 한 문장은 다소 복잡한 복선으로 이루어져 양파껍질을 벗기듯 한 겹 한 겹 조심스럽게 벗겨내야 한다. 딸의 치유를 바라는 여인을 향해 "자녀로 먼저 배불리 먹게 할지니 자녀의 떡을 취하여 개들에게 던짐이 마땅치 아니하니라"(막7:27)라고 하는 대목에서 유대인은 '자녀'로, 이방인은 '개'로 비유되었던 당시 유대인의 독선적 문화를 반영한다. 그렇다면 예수님도 그와 같은 문화를 동조하고 있는 것인가? 그렇지 않다는 것은 그가 마지막으로 취한 행동, 즉 여인의 딸을 구하는 결말로서 충분히 해명된다. 또 하나 해석되어야 할 부분이 있다. "자녀로 먼저 배불리 먹게 할지니" 이 대목은 유대인과 이방인의 차별을 전제 한 것이 아닌가? 이 대목에 대해서 학자들은 사역의 우선순위를 극적 비유를 사용하여 제시하고 있다는 데에 공통된 의견을 보이고 있다. 먼저는 유대인 그 다음은 이방인에게로 나아가야 한다는 순차적 문제를 다루고 있다. 이런 해석이 적실한 것은 그가 훗날 제자들을 온 세상에 파송한 결말을 통해 입증된다.

선한 사마리아인의 비유에서도 유대인의 편견과 독선을 무너뜨리는 절묘한 반전이 있다. 여리고로 가던 한 유대인이 강도를 만나 쓰러져 있다. 흔히 의를 과시하던 인물들, 제사장 그리고 레위인 모두 모른 채 사라진다. 오히려 혼혈이라고 천대받고 차별받던 사마리아인이 그를 구하여 안전한 장소를 옮겨 간다. 당연히 의로운 행동을 보여야 할 인물들은 인간의 기본적인 도리조차 자신들이 바쁘고 번거롭다는 하찮은 이유로 마땅히 도와야 할 대상을 외면하게 만든다. 이 순간 이들의 의는 어디로 가 버렸는가! 반면 전혀 의롭다고 여겨지지 않던 천한 존재인 사마리아인만이 진정한 이웃으로 드러난다. 그의 행동은 인간에게 하나님이 부여하신 선한 감정, 이웃을 향한 긍휼의 마음에 기인하였다. "불쌍히 여겨…" 본 비유는 진정한 이웃이란 어떤 존재인가 하는 존재의 가치와 의미를 놓고 더불어 사는 삶 속에서 인간이 보존해야 할 진정성에 대해 질문하고 있다. 사회적 존재인 인간이 지녀야 할 것은 화석화된 종교가 만들어 낸 편견의 장벽이 아니라 이웃을 향한 긍휼의 마음과 같은 순수한 감정이라는 진실을 곁들여 암시하고 있다. 예수님은 본 비유에서 극적인 스토리 전개를 통해 인종적 · 문화적 종교적 편견과 차별을 뛰어 넘는 통쾌한 진리를 선명한 그림으로 묘사하고 있다.

초기 신앙 공동체의 발전의 양상은 세상을 향한 예수 그리스도의 명령과 예언에서 비롯된다.

> "그러므로 너희는 가서 모든 민족을 제자로 삼아 아버지와 아들과 성령의 이름으로
> 세(침)례를 베풀고 내가 너희에게 분부한 모든 것을 가르쳐 지키게 하라…" (마 28:19-20).

모든 족속이라고 하는 대상에 대한 확실한 명령이 절정을 이룬다. 마지막 승천 직전의 장면에서도 "오직 성령이 너희에게 임하시면 너희가 권능을 받고 예루살렘과 온 유대와 사마리아와 땅 끝까지 이르러 내 증인이 되리라"(행 1:8). 예수 그리스도가 지향하시는 복음 확산의 궁극적 지평이 선언되고 있다. 이런 명령을 받은 사도들과 제자들은 인종과 문화에 대한 인식의 전환 즉 패러다임 전환의 계기를 맞이하게 되었다. 사도행전의 역사를 만들어 갔던 사도 바울은 자신의 소명이 이방을 위한 것임을 분명히 하고 있다. 로마서에서 그는 이렇게 선언한다.

"내가 이방인인 너희에게 말하노니 내가 이방인의 사도인 만큼 내 직분을 영광스럽게
여기노라" (롬11:13).

가장 배타적인 바리새인 출신의 사울이 사도로서의 소명을 따라 이방에
복음을 증거하기 위한 존재로 거듭났다. 그의 결단 그의 확신 그의 헌신은 바
로 온 세상 이방을 향한 소명감에서 비롯되었다.

사도행전 2장에 보면 오순절 사건이 일어나던 밤 베드로의 설교를 자기 지
역 방언으로 들었던 사람들을 소개하는 구절에서 무려 15개 이상의 방언이
제시되고 있다.

"바대인과 메대인과 엘람인과 또 메소보다미아, 유대와 갑바도기아, 본도와
아시아, 브루기아와 밤빌리아, 애굽과 및 구레네에 가까운 리비야 여러 지방에 사는
사람들과 로마로부터 온 나그네 곧 유대인과 유대교에 들어온 사람들과 그레데인과
아라비아인들이라" (행2:9-10).

다양한 언어를 사용하던 사람들, 이들은 디아스포라의 유대인들로서 언어
뿐 아니라 다른 문화와 다른 사회적 배경 출신이라는 것을 의미한다. 이러한
다양성이 초대 예루살렘 교회 공동체를 구성하였다. 이와 같은 다름과 차이
속에서 초대 교회 공동체가 연합을 가능케 할 수 있었던 것은 예수 그리스도
의 가르침을 받고 철저히 회개하여 성령충만한 가운데 순종했던 무리들의 확
신과 기쁨에 기인한다고 보아야 한다.

핍박으로 흩어진 예루살렘 교회 공동체는 흩어진 그 곳에서 새로운 신약
의 교회 공동체로 확산되어 갔다. 초기 신앙공동체의 구성에서 어떤 다양성
이 존재하였는지 하는 문제는 신약성경의 다른 부분에서도 확인할 수 있다.

사도 바울은 이렇게 선언한다.

> "누구든지 그리스도와 합하기 위하여 세(침)례를 받은 자는 그리스도로 옷
> 입었느니라. 너희는 유대인이나 헬라인이나 종이나 자유인이나 남자나 여자나 다
> 그리스도 예수 안에서 하나이니라" (갈 3:27-28).

본문은 유대인과 헬라인의 인종적 장벽, 종과 자유인의 신분적 장벽, 남자
와 여자의 성적 장벽을 극복하고 그리스도 안에서 하나로 연합되었다는 당시
로는 매우 충격적인 선포를 하고 있다. 차이가 극복되고 다름이 존중되는 공
동체, 오직 한 목적과 비전 그리고 한 분의 주인을 중심으로 새롭게 존재하는
공동체 바로 이러한 공동체가 신약의 공동체였다. 여기서는 당시 극도의 편
견과 배타적 적개심이 신앙의 본질을 왜곡하고 변질시키던 시대적 문화 행태
와는 근본적으로 다른 창조주의 생명력 안에서 하나 됨을 강조하는 모습을
극명하게 보여주었다. 유대인이 지닌 인종적 · 종교적 · 문화적 · 신분적 울
타리를 넘어 새로운 범주의 공동체를 보여 주고 있다.

신약교회의 초기 모습 가운데 신분과 인종의 장벽을 뛰어넘은 가장 아름
다운 이야기는 빌레몬과 오네시모의 사건 속에서도 찾아 볼 수 있다. 빌레몬
의 집을 탈출한 노예 오네시모, 바울과의 극적인 만남을 통해 신앙인이 된 오
네시모, 그의 과거 문제를 해결해 주고자 애쓰는 사도 바울, 그래서 쓰여지게
된 빌레몬서는 신앙 안에서 무엇을 극복할 수 있으며 신앙의 원리가 어디까
지 이르러야 하는지를 보여 주는 아름다운 한 편의 드라마틱한 이야기이다.
당시 노예는 탈출하는 경우 주인에 의해서 얼마든지 처형되는 것이 합법적인
일이었다. 아무도 여기에 이의를 제기할 수 없던 시대였다. 빌레몬의 입장에

서는 세상 방식을 따라 얼마든지 탈출한 노예 오네시모를 처형할 수도 있는 일이었다. 그러나 바울은 빌레몬에게 믿음 안의 형제로서 그를 대할 것을 권면한다.

> "그러므로 네가 나를 동역자로 알진대 그를 영접하기를 내게 하듯 하고 그가 만일 네게 불의를 하였거나 네게 빚진 것이 있으면 그것을 내 앞으로 계산하라. 나 바울이 친필로 쓰노니 내가 갚으려니와 네가 이 외에 네 자신이 내게 빚진 것은 내가 말하지 아니하노라" (몬1:17-19).

바울이 신분의 장벽과 허물의 골짜기를 신앙의 관점으로 극복할 것을 제시하는 원리가 탁월하다. 자원의 마음을 일깨우고(12) 빌레몬과 바울 자신이 평등한 관계인 것을 분명히 하고 오네시모를 위임받은 대리인으로 받아들인다면 그를 동등한 존재로 받아들여야 할 것을 설명하고 있다. 이는 당시 신분에 의해 판단되던 인간관계를 훌쩍 뛰어넘는 신앙적 논리였다. 학자들은 바울의 권면이 빌레몬에 의해 받아들여졌다고 해석한다.(Keener, 1998: 745) 이 서신이 보존되었다는 것이 그 증거라고 본다. 빌레몬이 오네시모를 자유롭게 해방시켜 주지 않았다면 그가 이 편지를 보관했을 리가 없으며 교회 공동체들에게 회람을 허용하지도 않았을 것이기 때문이다. 신앙 안에서는 모든 차이와 장벽이 넉넉히 극복된다는 진리를 보게 된다.

VI. 다문화 사역 이야기

정 재 영 (실천신학대학원대학교/종교사회학)

강원도 화천에서 시골 목회를 하는 한 목회자는 자신의 다문화 사역 경험을 다음과 같이 들려준다.

2007년 4월쯤으로 기억하는데, 어느 날 교회가 속한 지역의 반장님이 불쑥 찾아오셨다. 그리고는 "목사님 쑥스럽지만 제 결혼식의 주례를 맡아 주셨으면 해서 부탁드리려구요. 괜찮으시겠습니까?"라고 했다. 당시 나보다 여덟 살이나 많으셨던 반장님의 주례를 맡게 되면서 한국의 농촌으로 시집오는 여인들의 삶에 관심을 갖게 되었다. 신랑보다 28세나 어린 20세의 베트남 신부를 결혼식장에서 처음 보았다. 한 아이를 키우기 위해 온 마을이 부모가 되어야 하는 것처럼 한 명의 외국인 신부를 잘 받아들이기 위해 우리 온 마을이 시부모인양 친정 부모인양 이 가정을 돌보았으면 좋겠다는 내용으로 짧은 주례사를 마쳤다.

결혼식 이후 베트남 신부는 매 주일이면 교회 예배에 참석했고, 교회에서는 어렵게 베트남어 성경을 구해 주었다. 그녀는 이런저런 일이 있으면 아내가 친정의 언니처럼 느껴졌는지 찾아와 도움도 구하고, 말동무도 하였다. 베트남 신부가 한국말을 아주 빨리 익히는 것을 보아 신부는 꽤 똑똑해 보이기도 했고, 한국을 알기 위해 이미 베트남에서부터 열심히 준비했다는 것을 알 수 있었다.

그에 비해 우리 반장님은 베트남어는 한마디도 못했고, 베트남 문화에는 더욱 관심 없었다. 그도 그럴 것이 태어나 한 번도 자기 삶의 테두리를 벗어난 적 없고, 아버님이 돌아가신 후 어머님과 단둘이 살면서 여지껏 집안 살림을 어머니께 맡기고 살았으니 공부든 문화든 다른 여가 생활이란 것과는 거리가 먼 삶이었음을 한 번에 알 수 있었다. 아마 농촌의 대부분의 노총각들이 이런 상황과 비슷하리라. 시어머님은 동네에서도 알아 주는 독특한 삶을 사시는 분이었다. 요즘 말로 하면 좀 4차원적이랄까? 예를 들면, 남의 집 삯일을 가서서 집에서 가져온 쉰밥을 물에 씻어 드시고는 점심값을 일당에 합쳐서 달라고 하신다든지 한다.

그런 시어머니는 교회에 찾아와 며느리가 아무것도 모른다고 하소연하셨고, 며느리는 나의 아내에게 시어머니가 자기를 미워하고, 또 남편은 결혼 전 약속했던 것들을 지키지 않는다고 하소연했다. 결혼하면 베트남의 친정집에 매 월 얼마 정도의 돈을 보내주기로 결혼 전에 약속했다. 그런데 결혼 후 1년이 다되도록 한 번도 보내 주지 않아 속상하다고 했다. 트랙터 고장 난 것을 고치고, 농기계 새로 사는 데에는 한번에 1,000만 원이 넘어도 턱턱 사들이면서 매월 몇 십만 원을 보내 주지 않는 남편이 신부에게는 야속해 보였다. 고민 끝에 돈을 보내 주는 일은 어려울 것 같으니 친정아버지와 오빠를 우리 마을 토마토 농장에 와서 직접 일을 하게 하고 그 삯을 받아 가면 어떻겠는지를 토마토 농장 주인이신 시내의 모 교회 권사님 내외분과 베트남 신부에게 설득하고, 한해 여름 동안 일하기도 했었다.

그런 와중에도 나의 아내는 베트남 신부와 함께 시내 여성회관에서 있는 한글 교실, 한국요리강습 등 신부의 한국 생활의 적응을 돕고자 함께 다니게 되었는데, 이 모습이 동네분들에게는 좋지 않게 보였던 것 같다. "교회 사모가 애를 데리고 다니며 바람만 잔뜩 들게 한다."는 소문이 우리 귀에도 들리게 되었다.

그리고 결혼한 지 2년이 다 되어 가던 어느 날 신부는 시내의 베트남 친구를 만나러 간다고 집을 나간 후 1주일이 다 되도록 소식이 없었다. 그 후 1주일이 더 지난 날 신부에게서 교회로 전화가 왔다. 서투른 한국어로 저간의 사정을 얘기하며 언니(내 아내)에게 미안하다고 하면서, 베트남 친정에서 자꾸 "옆집에 누구는 한국으로 시집가더니 돈을 보내 줘서 이번엔 집을 고쳤네, 냉장고를 새로 샀네 하며 자랑을 하는데 누구는 시집가고도 아무것도 안 해주네, 시집을 잘못 갔네." 하는 소리에 친정 부모님들이 창피하다고 어린 신부에게 전화를 했던 모양이었다. 생각 끝에 그럼 자신이라도 돈을 직접 벌어 고향으로 보내야겠다고 생각하고는 친구의 친구를 통해 부산 근처 김해의 모봉제 공장에 취직했다고 걱정하지 말라고 했다. 데리러 갈 수도 없고, 데려온 다고 뾰족한 수가 있는 것도 아니고 가장 난감한 순간이었던 것 같다.

그 후 일 년여가 더 지난 어느 날, 당뇨병을 앓게 된 이 베트남 신부는 남편과 이혼하게 되었다며, 반장님의 몇몇 서류들을 대신 가지고 춘천 법원으로 나와 달라고 아내에게 부탁하였고, 이혼 후 신부는 삼 년여의 고달프고 파란만장했던 한국 생활을 정리하고 고향 베트남으로 돌아갔다. 지금도 그녀는 가끔 교회로 전화한다.

"언니 애기 먹일 분유를 살 돈이 없어요."

"그래 내일 보내줄게."

우리는 이제 이런 이야기를 주위에서 흔하게 들을 수 있게 되었다. 전체 결혼하는 부부 10쌍 중에 1쌍 이상이 국제결혼 부부이기 때문이다. 그리고 국제결혼 부부의 4분의 1이 서울과 경기도에 모여 살고 있어 농촌뿐만 아니라 도시에서도 다문화 가정을 어렵지 않게 발견할 수 있다. 국제결혼뿐만 아니라 돈을 벌기 위해 이주하는 외국인 노동자도 계속해서 늘고 있어서 현재 국내 거주하는 외국인은 100만 명이 훌쩍 넘어 130만 명에 이르고 있다. 이에 한국 교계에서도 다문화 사회에 관심을 갖고 '다문화 사역' 또는 '다문화 선교' 라는 이름으로 교회의 역할을 찾아 나서기 시작하였다.

현재 많은 대형 교회들은 대부분 이주노동자나 국제결혼 가족을 위한 다문화 관련 부서를 갖추고 여러 가지 다문화 사역을 하고 있고, 최근에는 다문화 사역만을 위해 교회를 설립하는 경우도 있어 교회 이름 자체가 다문화 교회인 경우도 생기고 있다. 여기에서는 요즘 등장하고 있는 다문화 교회의 유형을 정리하고 다문화 사역을 의미 있게 감당하고 있는 몇 개의 사례를 소개하고자 한다.

1. 다문화 교회의 유형

다문화 교회는 외형 면에서 한 민족 집단이 교회 전체 출석 교인의 80%를 넘지 않는 교회라고 할 수 있다.(George A. Yancey, 2003: 15) 이러한 다문화 교회의 유형은 분류 기준에 따라 여러 가지 유형으로 나뉘어진다. 노영상 교수는 한국의 최근 국내 상황 속에서 다문화 사역을 위한 교회의 유형을 네 가지로 제시하였는데, 이것은 2장에서 언급한 다문화 사회 모형과 연결된다.

첫째는 분리 모델(분리된 게토 모델)이다. 이 모델은 구별된 예배 장소와 교회 및 교파를 추구한다. 각각의 사람들은 각각의 민족에 따라 그들만의 교회로 모이며 그들만의 교파를 세운다. 이 모델은 다른 민족들과의 관계로 인한 불필요한 갈등은 피할 수 있지만 여러 민족들의 만남을 통한 역동성이나 한국 사회로의 통합은 배제된다는 단점을 지닌다.

둘째는 용광로 모델(통합적 동화 모델)이다. 이 모델은 이민자들로 하여금 주류 문화에 동화되도록 하는 모델이다. 한국사회는 다문화 사회를 지향하는 것처럼 말하지만 사실은 한국어 교육 등을 통해 한국 문화에 이주민들을 흡수하려는 의지가 강하게 나타난다. 이 모델은 국민의 대부분이 본토인들로 구성된 한국사회에서는 수용하기 어려운 모델이다.

셋째는 샐러드 그릇 모델(다문화적/민족적 모자이크, 다문화주의 모델)이다. 이 모델은 이주민들이 동화할 것을 요구하지 않고 오히려 문화 차이를 수용하고 이주민 집단의 권리를 증진시킨다. 이 모델은 여러 민족의 문화를 그대로 유지, 장려한다는 면에서는 매우 긍정적인 가치가 있다. 그러나 한국의 경우 영향력 있는 외국 민족 집단이 없고 도리어 외국인들이 여전히 보호의 대상으로 있기 때문에 한국교회에는 적합하지 않은 측면이 있다.

넷째는 문화상호교류적 모델이다. 이 모델은 다른 문화들 사이의 상호작용과 대화를 중시하는 모델로서, 특정한 민족 집단의 가치와 민족 통합의 중요성을 모두 다 반영한다. 인종에 대한 편견이 있는 상황에서 외국인들만 모이는 교회를 세우기보다는 같은 교회 안에서 다른 언어의 외국인 예배를 가지는 것이 바람직하다. 한국의 대형 교회들이 이러한 모델로 이주민 사역을 하고 있다고 볼 수 있지만 다민족 문화에 대한 가치 인정과 인종 통합에 대한 의지가 얼마나 있는지는 의문이다.(노영상, 2008)

또한 다문화 교회는 교회의 형성 방법에 따라 리더십 다문화 교회, 복음주의 다문화 교회, 인구통계학적 다문화 교회, 네트워크 다문화 교회로 나뉠 수 있는데, 리더십 다문화 교회는 구성원들의 리더십에 따라 형성된 교회를 말한다.(George A. Yancey, 2003: 51-64) 목회자나 교회 지도자들이 다문화 교회에 대한 비전을 갖고 교회를 이끌어가는 유형의 교회들이다. 복음주의 다문화교회는 일반적으로 전도 프로그램을 가지고 있으며 이를 통하여 다른 민족의 구성원들을 전도하여 통합된 경우들이다. 인구통계학적 다문화 교회는 교회 주변의 인구통계학적 변화들로 인하여 자연스럽게 형성되는 교회이다. 이런 유형의 교회들은 한국에서 안산을 비롯하여 이주노동자가 많이 모이는 지역이나 결혼이민자들이 많은 지역에서 발견된다. 네트워크 다문화 교회는 교회

내 구성원들의 사회관계에 의해 확장되는 교회이다. 교회에 먼저 온 이주민들이 자신의 친지들을 교회로 인도하여 성장하는 경우이다.

이것은 일종의 이념형으로 실제로는 어느 한 유형에만 속하는 것이 아니라 여러 유형의 특징을 중첩하여 갖는 경우가 많다. 한국의 경우, 안산과 같은 특정 지역을 제외하고는 리더십 다문화 교회와 복음주의 다문화 교회의 성격을 띄는 경우가 많은데 특히 대형 교회들을 중심으로 타 지역의 이주민들을 버스로 태워오고 모임 후에는 버스로 태워다주는 경우가 많은 것으로 파악되고 있다. 그러나 이주민들의 역량 강화를 위해서는 네트워크 다문화 교회의 형태로 스스로 성장하는 유형으로 발전하는 것이 바람직하다고 본다.

이 밖에도 다문화교회는 교회 멤버십에 따라 동화된 다민족 교회, 복수의 다민족 교회, 통합된 다민족 교회로, 교회 구조에 따라 장소 공유 교회, 다중 언어 교회, 범민족 교회로 구분될 수 있다.(최용진, 2009)

2. 다문화 사역의 사례

한국 교계에서 다문화 사역은 외국인 노동자들이 본격적으로 증가하기 시작한 1990년대 초에 몇몇 선구적인 사역자들에 의해 시작된 이래, 2007년 현재 다문화 사역을 하는 단체는 대략 170여 개에 이르는 것으로 파악되고 있다. 교단별로는 예장 통합 교단이 70여 개 단체로 가장 많고, 다음으로 예장 합동 교단이 30여 개 단체로 전체의 절반 이상을 차지하고 있으며 그 외 교단들이 10개 안팎의 단체에서 다문화 사역을 하고 있다.(박천응, 2007: 58) 지역별로는 서울, 경기 등 수도권에 야 75%가 몰려 있어 수도권 이외의 지역에서는 다문화 사역의 도움을 받기 어려운 여건이다. 여기서는 우리가 방문한 단체를 중심으로 다문화 사역을 소개하고자 한다.

1) 나섬 공동체 이야기

'나섬 공동체'는 1996년 뚝섬지역의 외국인 근로자를 돕고 선교하기 위해 '서울 외국인 근로자선교회'라는 이름으로 설립되었고, 후에 나섬 공동체로 명칭이 바뀌었다. 나섬 공동체는 '나그네를 섬기는 공동체'라는 뜻이다. 나섬 공동체에는 현재 26개국에서 온 약 2,500여 명의 외국인 근로자들이 등록되어 있으며, 그 중에 몽골인 근로자들이 절반 이상을 차지한다. 그래서 몽골인 근로자의 자녀들을 위해 1999년부터 '재한몽골학교'를 설립해 운영해 오고 있다. 이 학교에는 약 65명의 몽골 아동들과 50여 명의 한국인, 몽골인 교사들이 있으며, 두 채의 기숙사도 운영하고 있다. 또한 부설 기관인 '몽골문화원'에서는 몽골과 한국 간에 민간외교 역할을 하고 있다. 모든 사역과 프로그램은 다문화 가정들에게 가장 시급하고 필요한 것을 지원하는 데 집중하고 있다. 또한 다문화가정 자녀들의 복지와 교육을 위해 2007년에 '나섬 어린이집'이 세워졌다. 이 공동체의 대표인 유해근 목사는 이주민들에게 문화적인 충격이 매우 크다고 한다. 그는 몇 가지 사례를 들어 주었다.

"결혼이민자 같은 경우에 가장 큰 문제가 고부간의 갈등이에요. 필리핀에서는 걸레질을 서서 합니다. 발로 쭉, 쭉 밀어요. 우리는 무릎을 꿇고 손으로 하잖아요? 그런데 필리핀 며느리가 걸레를 발로 쭉, 쭉, 밀고 다니니까 시어머니 입장에서 가만히 쳐다보니 일을 하기 싫어하는 느낌을 받은 거예요. 그러니까 시어머니가 가서 걸레로 며느리를 때렸어요. '너, 일을 하기 싫으면 하지 말지.' 그런데 필리핀 며느리는 이해가 안 가는 거죠. 왜냐면 필리핀에서는 서서 걸레질을 하니까. 이게 문화에요. 또 한 예는 몽골 며느리가 애기를 낳았어요. 그러니까 시어머니가 미역국을 많이 해서 갖다 주면서 먹으라는 거예요. 그런데 몽골이라는 나라는 바다가 없는 나라거든요. 미역은 구경도 못했고, 미역을 먹어본 적도 없어요. 몽골에서는 애기를 낳으면 양젖과 양고기를 먹게 되어 있어요. 그런데 우리는 아이를 낳고 미역국을 먹으라고 시어머니가 갖다 주니까, 아이를 낳고 얼마나 힘이 드는지 모릅니다. 베트남 며느리도 마찬가지에요. 거기는 족발 삶은 물을 먹거든요. 중국이나 베트남은 돼지 족발 삶은 물을 먹거든요. 문화가 다르단 말이에요.

예를 들어 한족 며느리가 들어왔어요. 중국에서는 남자들이 밥을 합니다. 여자들은 밥을 안 해요. 일을 안 합니다. 남자들이 아무리 피곤해도 와서 자기가 밥을 해서 자기 부인과 같이 먹는 것이 중국의 문화에요. 우리는 남편이 피곤해서 왔는데 부인이 밥도 안하고, 아무것도 안 하는 거예요. 그래서 왜 그러냐고 하면 중국에서는 남편이 하지 부인이 하는 것이 아니라고 할 거 아니에요. 이것이 문화적 갈등이고 충격인 거예요. 문화적 소통이 안 되니까 갈등이 계속 생길 수밖에 없어요. 이것이 문화적인 충격입니다."

그러면서 그는 일반적인 문화 교육은 안 된다고 말한다. 다문화 교육이 이주자에게 한국 사람처럼 이렇게 살아야 된다고 가르쳐 준다면 그것은 이른바 문화제국주의라는 것이다. 그것보다는 쌍방향의 문화 교육, 남편이나 시부모나, 또는 가족들이 며느리나 자기 아내가 되는 사람에 그 나라의 문화, 그 나라가 가지고 있는 독특한 문화적인 성격을 이해하고 깨닫고 배움으로써 서로 양해가 되어야만 한다는 것이 기본적인 입장이라는 그의 말을 귀담아 들을 필요가 있다. 따라서 올바른 다문화 교육, 이주민들 입장에서 그들을 이해해 주고, 서로 소통할 수 있도록 지역에 있는 공장 기업주들을 모아 놓고 세미나를 열어 주는 일이 필요하다.

대립적 관계나 갈등의 문화 구조를 치유하고, 해결할 수 있는 통로는 지자체와 NGO 단체 그리고 교회와 같은 종교 단체이다. 유 목사는 이에 대해서도 자신의 견해를 피력한다.

"그런데 이것이 때로는 너무 대결적 구도로 가니까, 운동권적 시각으로 가버리면 이것이 마치 한국 기업 쪽은 다 악덕 기업주고, 외국인 노동자들은 다 선하고, 이것은 아니거든요. 이것이 문제가 있는 거예요, 이른바 운동권적 시각이 갖고 있는 문제가 여기서 있는 거예요. 완전히 한국인 기업주들은 다 죽일 놈을 만들어 놓고, 외국인들은 다 착한 것이라고 생각한단 말이에요. 아니거든요. 때로는 외국인들이 훨씬 더 비윤리적입니다. 이것은 어쩔 수 없잖아요? 도덕적인 문제에서 약자가 갖고 있는 특징이에요. 도둑질을 더 많이 한다든가, 불을 지르고 도망을 간다든가, 임금 체불의 문제를 따지고 들자면 사실은 90%가 악덕 기업주가 문제가 아니라 외국인 노동자와 기업주의 소통의 문제입니다. 한국인 노동자들은 기업주가 '어음이 들어와서 월급을 오늘 줘야 되는데 일주일만 기다려라, 어음이 들어오면 돈을 돌려서 줄게.' 그러면 대충 얘기가 되잖아요? 한국 노동자들은 정서적으로 받아들일 수 있지요. 그런데 외국인 노동자들은 그것이 이해가 안 되서 그 다음날로 나가버려요, 밤중에. 도망 나옵니다, 전부다. 그러면 공장주 입장에서는 무슨 일이 생기냐면 일주일 안에 배를 선적해서 수출을 해 줘야 되는데 일을 할 사람이 갑자기 없어지니까 크래임이 생기게 되고, 손해를 보는 겁니다. 그러니까 그 사람이 있어서 일을 맡아서 해야 돈도 생기는 것이고, 그래야 월급도 주는 것이고. 외국인은 우리 한국의 이런 기업 문화가 이해가 안 되니까 돈을 안 주면 무조건 나가고, 어디를 가냐면 상담소로 가서 일을 시켰는데 월급을 안 준다고 얘기를 해요. 그러면 상담소에 있는 사람들은 월급을 줘야지 무슨 소리냐 하고 기업주에게 가서 따지는 거죠, '너 왜 월급을 안 주냐, 일을 시키고. 너 나쁜 놈이야.' 그러면 기업주 입장에서 기분이 좋겠어요? 안 좋겠죠. 갈등이 또 다른 갈등을 만들어 내는 거예요.

그러니까 감정싸움이 되는 거예요. 한쪽은 매도해 놓고, 나쁜 악덕

기업주를 만들어 놓고. 외국인이 좋은 것처럼 보이지만 조금 안을 들여
다보면 안 그렇잖아요. 조금만 이해가 되었으면, 누군가 중간자 역할을
잘 해줬으면 서로 윈윈 할 수 있었는데 이런 문제가 계속 불거지는 거
예요."

　이제는 대결 구도로만 보지 말고 서로를 이해시키고, 서로를 조금씩 연결
시켜 주는 가교 역할을 교회가 하거나, 목회자가 할 필요가 있다. 언어적인
의사소통뿐만 아니라 문화의 차이를 이해하고 서로 소통할 수 있도록 '문화
적인 의사소통'이 이루어져야 한다.
　유목사는 최근 다문화 선교 현장에서 이슈가 바뀌고 있다고 말한다. 초창
기에는 이주민들의 노동문제, 생존의 문제, 인권의 문제가 이슈였지만, 최근
에는 복지의 문제를 거쳐서 문화의 문제가 이슈로 떠오르고 있다고 했다. 먹
고 사는 문제가 어느 정도 해결된 이후에 2000년도를 넘어서부터는 이주노동
자들의 문화적 욕구가 강해지고 있지만 이를 충족시켜 주지 못하고 있다. 이
에 따라 교회가 해야 될 어떤 선교적인 과제도 바뀌어야 한다고 주장한다.

　"이 사역을 시작했던 90년대 초반의 이슈와 지금 2011년도의 이슈
는 달라요. 많이 변화되었죠. 이 일을 수행하는 교회나 목회자의 입장
에 따라서 강조할 수 있는 강조점이 다르죠. 상담 쪽에 치중해 있는 곳
도 많이 있지만, 저는 상담 쪽 보다는 문화적인 부분들, 영적인 부분들,
영혼에 대한 문제가 더 큰 관심이니까 저는 이쪽으로 더 많이 오게 되
었습니다. 그런데 모든 것이 다 한쪽이 옳다고 볼 수는 없다는 겁니다.
동전의 앞, 뒷면이 함께 있어야 되는 것처럼 함께 가야죠. 빵도 먹어야
되고, 영혼의 문제도 함께 보살펴야 되죠."

나섬 공동체에는 이와 같이 이주민들의 신앙 문제에도 관심을 갖고 사역을 한 결과 2009년까지 419명에게 세례를 집례하여 사역의 열매를 맺었다. 또한 몽골, 이란, 인도, 필리핀 출신의 외국인 신학생들이 있는데 장신대 등에서 신학 공부를 하고 있다. 유해근 목사는 한국교회가 해외 선교사를 많이 파송하고 있지만, 국내에 들어와 있는 외국인 근로자들이 세계 선교의 모판이며 종자라는 사실을 여러 경험과 사례를 통해 확증해 왔다고 한다. 그는 '역선교'라는 개념을 통해, 이 외국인 근로자들이 회심하여 신학을 공부한 후에 본국으로 돌아가서 선교를 한다면 한국인 선교사가 외국 선교를 하기 위해 언어 훈련, 현지 적응 훈련, 현지인 접촉 전략 개발 등에 소요되는 많은 시간과 에너지를 절약하면서도 훨씬 더 효과적인 사역을 할 수 있다고 강조한다.

　나섬 공동체에서는 연간 6만 명의 사람들이 점심 식사를 하고 있다. 하루에 적게는 100명에서 많게는 200명에 이르는 많은 사람들이 다녀간다. 쉼터 사역인 '선한 사마리아인의 여인숙'은 무료 급식과 함께 실직하거나 병들어 갈 곳 없는 외국인 이주민을 위해 운영되고 있다. 또한 외국인 근로자 선교는 오프라인에서만이 아니라 온라인상에서도 이루어지고 있다. 2001년 봄에 외국인 근로자들을 선교하기 위해 인터넷 선교 방송을 시작해 운영해 오고 있다.

2) 서문 선교센터 이야기

　서문 선교센터는 서울 서문교회(예장 고신)가 경기도 광주에 세운 이주노동자 사역기관이다. 4년 전에 선교센터를 설립할 당시 교인 수 350명으로 중소형 교회였음에도, 다문화 사역에 소명감을 가지고 방글라데시에서 18년간 선교 사역을 한 경력이 있는 한유민 선교사를 담당 사역자로 선임하고 경기도 광주에 있는 한 건물을 두 층을 임대하여 방글라데시와 베트남 이주민을 주요 대상으로 다문화 사역을 하고 있다.

　방글데시아인을 대상으로 선교를 하는 것은 매우 어려운 문제이다. 그것은 방글라데시아 사람의 87%가 무슬림이고, 국내 거주 방글라데시 출신 노동자들의 97%가 무슬림인데, 무슬림들은 개종을 가장 추악하고 불명예스러운 일이라고 여겨 개종자들을 그들의 공동체로부터 추방하는 규범을 가지고 있기 때문이다. 한유민 선교사는 자신의 경험에 대해 다음과 같이 말한다.

　　"무슬림 사역이라는 것이 그렇게 간단치 않습니다. 무슬림 공동체라는 것이 선교에서 가장 어려운 장애 중에 하나입니다. 유대교에서 우리 성경에 나오는 바리새인들이나 그런 사람들과 마찬가지로 율법주의자들이에요. 그 사람들이 결국에 신앙에서 맞지 않는 공격을 하게 되어 있어요. 사람들이 뭔가 잘못된 신앙 생활을 하면 옆에서 공격을 하는 거예요. 그런 어떤 공동체성, 그것이 선교에서, 무슬림 선교에서 가장 어려운 점 중에 하나입니다. 그런데 저는 처음에 여기 왔을 때 이주노동자 사역은 간단하고 쉬울 줄 알았는데 안에서 공동체성이 강해서 그것을 뚫고 들어가기가 어렵고, 그것을 하기가 쉽지 않은 부분이에요. 한국에 나와 있으니까 그런 것이 별로 없을 줄 알았거든요. 그런데 실제로 들어가 보니까 한국에서도 그것이 어려워요."

　그리고 무슬림 공동체를 제대로 이해해야 한다고 하며 다음과 같이 설명한다.

　　"무슬림들은 아는 사람이라고 공동체가 되는 것은 아닙니다. 종교적으로 공동체가 되는 거예요. 예를 들어서 내가 선교사라는 것을 그 사람들이 다 압니다. 그것을 비밀로 할 수가 없어요. 그러니까 나는 그 사람들에게 다른 얘기를 많이 하지만 주로 그쪽으로 얘기를 끌고 가려는 것을 아니까 누가 나와 단독으로 만나서 오랜 시간을 가졌다고 하면 만나서 그 사람들이 벌써 체크를 합니다. 만나서 뭐 했나, 그러니까 쉽지 않죠. 만나기도 쉽지 않고, 여기서도. 현지보다는 좀 덜 하지만 그런 부분이 있어요.

그래서 그런 부분에 대한 것들을 한 1년 반에서 2년 동안 자제를 했죠. 처음에는 지금도 그런 편이지만 점조직 형태로 한다고 할까, 한 아이, 한 이주노동자가 그 공장에서 나의 대상이 된 거예요. 50-60명이 주일날 나오는데 그 중에서 저는 살피는 거죠. 대상자를 살펴서 대화를 하고, 사회적인, 내면적인 부분, 영적인 부분까지 체크를 해서 가능성이 있다고 하면 만나자고 하죠. 그래서 복음에 대한 얘기를 비추고 하죠. 그런데 만날 때 그 공장에 만약에두 세 사람의 방글라데시 사람들이 있고, 무슬림들이 있으면 거기 못 가게 되요. 그러면 그 아이는 공장에서 나와서 어느 정도 거리에 나와 있으면 내가 가서 픽업을 해서 여기 데려와 같이 스터디를 하고 공장까지 못 데려다 주고 근처까지 데려다 주고 들어가라고 하는, 이런 형식으로 하는 거죠."

그러면서 그는 일부 한국교회들이 외국 이주민들을 모아 놓고 섣불리 예배를 드리는 것에 대해 경계한다.

"한국교회들은 대부분 예배를 드린다고 사람들을 모아 놓고 한국말로 하는데 '이거 얼마예요,'하고 '안녕하세요?' 인사하는 등의 간단한 한국말만 하는 사람들이에요. 그런 사람들에게 한국말로 설교를 하면 알아듣지 못해요. 또 그 사람들은 기독교인들의 모임에 가서 예배에 참석하는 것이 죄가 된다고 생각하지 않거든요. 왜냐면 거기 가서 자기가 신앙을 바꾼 것은 아니니까 그래요. 그런 것을 모르고 무슬림들을 모아 놓고 한국말로 예배를 드린다고 하는 것은 별로 의미 없는 일입니다."

그래서 서문 선교센터는 무슬림들과의 접촉점을 만들기 위해 의료봉사를 하고 있다. 센터 공간의 한쪽에 의료 시설을 갖추고 주일마다 교회 의료 선교팀이 이주노동자들을 대상으로 의료봉사를 한다. 의료보험에 가입하기 어려운 외국인 노동자들은 의료 기관을 이용하기가 매우 어려운 형편인데 교회에 가는 것이 아니라 진료를 받으러 가는 것이라고 생각하기 때문에 아무런 거리낌 없이 선교 센터를 찾아오게 된다. 그리고 대부분의 이주노동자센터에는 여러 개의 교회가 돌아가면서 두세 달에 한 번씩 와서 봉사를 하는 식으로 하는데 그래서는 이주민들과 관계를 형성하기 어렵다. 그래서 서문 선교 센터에서는 서문교회의 의료팀들이 집중적으로 계속 와서 진료 봉사를 한다. 그래서 여기에서는 서로 형제 같이 대하고, 말하기 때문에 이주민들과 관계를 형성하는 데 상당히 효과적이다.

한 선교사는 전문 사역자 없이 형식적으로 하는 사역에 대해서 경계한다.

"특히 제 3세계 국가에서 온 노동자들은 대부분 형편이 어려운 사람들이기 때문에 뭔가를 얻기 위해서는 자기가 뭔가를 다 준다는 생각, 주는 시늉을 다 하는 거거든요. 자기들도 여기 와서 여러 가지 혜택을 얻기 위해서 와서 예배도 참석하고, 다 '예'라고 하지만 사실은 그것이 아니라고요. 그 내면에, 깊은 부분에는 아니라는 말이죠. 그런 부분을 터치하려면 전문 사역자가 있어야 터치를 하지 그렇지 않으면 못하죠."

그런 점에서 여러 동남아시아 국가의 사람들을 한 곳에 모아놓고 예배를 드린다든지 모임을 하는 것은 효과적이지 못하다. 동남아시아라고 해서 다 같은 사람들이 아니고 언어와 문화가 각기 다르기 때문이다. 각 국가에 정통한 전문사역자를 중심으로 사역을 전개할 필요가 있다.

서문 선교 센터는 4년 사역을 하면서 25명이 개종을 하였고, 7명이 세례를 받았다. 그리고 사역을 시작한 지 2년 후부터 구도자의 예배 형식으로 예배를 드리고 있다. 일반 예배와는 달리, 예배의 모든 요소와 틀이 선교의 정신을 담은 열린 예배를 통해 이주노동자이며, 타종교인들에게 다가간다. 또한 서문 선교 센터에서는 5명을 수용할 수 있는 쉼터를 마련하여 이주노동자들이 산업재해, 실직, 이즉 등의 어려운 상황에서 잠시 쉼을 얻고 재충전할 수 있는 공간을 제공하고 있다. 그 밖에 인권 및 일반 상담을 하고, 한글 교육과 밥퍼 사역 등도 하고 있다.

3) 외국인 쉼터 교회 이야기

경기도 이천에 있는 '외국인 쉼터 교회'는 이천 순복음교회에 부목사로 있던 이재범 목사가 2010년 4월에 개척하여 설립한 교회이다. 이 목사는 원래 해외 선교에 대한 비전이 있었는데 재작년에 이주자 선교학교를 통해서 국내 이주자 선교로 방향을 선회하게 되었다. 본래 이천 순복음교회에 있던 선교 팀 안에 외국인 예배, 외국인 사역 팀이 있었는데, 그 부서가 독립하여 외국인 쉼터 교회가 되었고, 이 목사를 국내 파송 선교사로서 이 교회 담임 목사로 파송한 것이다. 기성 교회가 외국인 사역팀을 분립시켰다는 점과 소속 부목사를 국내 다문화 사역 선교사로 파송했다는 점에서 매우 드물면서도 참고할 만한 사례이다.

이천 시내에서 다문화 사역을 하는 교회로는 유일한 이 교회는 처음에는 한 20여 명이 예배를 드리다 지금은 주일에 40명에서 많으면 50명이 와서 예배를 드리고 있다. 그리고 주일에 예배를 드리고 한국어 공부를 하는 외국인 아이들이 40명에서 50명, 주말에 오는 아이들이 70명에서 많으면 80명 정도가 주말에 와서 예배를 드리고 한국어 공부를 한다. 한국어 교육은 이 목사의 사모와 한 젊은 부부, 그리고 강릉에 사는 75세 되는 권사 한 분이 주일마다 강릉에서 와서 봉사에 참여하고 있다. 이 권사는 태국에 5년 자비량 선교사로 사역을 했었고, 중국 연변에서도 3년 동안 사역을 했었는데, 국내 이주민 사역에 소명을 갖고 참여하게 되었다고 한다. 그리고 미국에서 20년 동안 살아 영어에 능통하고 신학 공부를 마친 김정희 전도사가 성경공부를 가르친다. 미국에서 이민 생활 경험이 있는 김 전도사는 자신의 경험을 바탕으로 이주민 아이들을 잘 이해하고 도와준다. 이주민 아이들은 필리핀 출신이 많고, 캄보디아, 베트남, 스리랑카, 방글라데시 출신들의 외국인 근로자의 자녀들이다. 주중에는 고충 문제를 상담하고 해결을 도와주기도 한다.

이 목사는 이들에게 신앙을 전해 주기 전에 마음을 열어야 되고, 서로 통해야 하기 때문에 이들에게 어떤 권위도 내세우지 않고 허물없이 지내려고 노력한다. 권위를 내세우게 되면 아이들과 가까워질 수가 없고 또 복음을 전하는 일을 할 수 없기 때문에 친구같이 편안한 관계가 무엇보다도 중요하다. 그러면 관계를 통해서라도 주일에 오기 싫어도 나오는 경우가 생기게 된다. 아이들은 보통 교회에서 찾아가주지 않으면 잘 오지 않는다. 아이들을 한두 번 찾아가서 오기만을 바라면 한두 번 오다가 오지 않는다. 그런데 계속 찾아가서 다섯 번쯤 찾아가면 두세 번은 나오고, 열 번을 찾아가면 그 아이들은 대여섯 번 정도 나온다. 그래서 자주 찾아가서 아이들을 만나서 관계를 맺는 것이 중요하다.

한번은 아이들과 오해가 있었는데, 우리는 찬양을 하면 손을 들고 흔들기도 하는데 방글라데시 아이들은 이렇게 손을 흔드는 것이 불경한 것이라고 생각한다. 그래서 여기는 잘못된 곳이라고 발을 끊고 안 오는 아이들도 많았는데, 아이들을 이해시키면서 관계를 돈독히 할 수 있었다고 한다. 이렇게 사역자들과 봉사자들이 외국인 아이들에게 편안하게, 허물없이 대해주기 때문에 아이들이 거기에 위로를 받고, 마음이 열려서 인원이 부쩍 늘었고, 그래서 더 넓은 장소로 옮기기 위해서 장소를 물색 중이다.

아이들은 이 교회에 다니면서 많은 변화를 일으키고 있다. 필리핀 아이들 같은 경우는 모두 성당을 다니는 천주교 신자이긴 하지만 진정한 신앙적인 경건이 없었는데 이 교회에 나오면서 신앙을 찾아가기 시작했다. 스리랑카 아이들은 불교 국가에서 왔는데 개종한 아이들도 있고, 찬양 리더를 하는 아이도 있다. 그 아이들은 구원의 감격에 겨워서 찬양을 하고, 예배드리고 기도할 때 눈물로 기도하고 울기도 한다. 방글라데시 아이들은 한국어 공부를 하려고 토요일과 주일에 십여 명 오는데 무슬림이기 때문에 강압적으로 하지 않고 일단은 자유롭게 두고 있다. 무슬림의 특성으로 자기들끼리 감시도 하고 서로 눈치도 많이 보기도 하기 때문에, 예배는 자유롭게 드리고 싶으면 드리고 아니면 나가서 놀다가 시간 되면 다시 공부하러 오기도 한다.

외국 아이들은 이천 순복음교회에서 예배드릴 때는 굉장히 조심스럽고, 소극적이었고, 무시하는 듯한 한국 사람들의 태도 때문에 주눅이 들어 있었다. 그런데 이곳으로 옮기고 나서는 이곳이 자기네 집인 것처럼 자발적으로 행동하고, '여기가 우리의 장소다'라고 생각하며, 여기에 우리가 오면 쉴 수 있고, 여기 오면 우리 집처럼 자기들이 치우고, 정리하고, 주인의식이 생기게 되어 굉장히 활발해지고 더 적극적이게 되었다. 심지어는 이천순복음교회와 체육대회를 같이 했는데 이곳의 아이들이 전부다 1등을 했을 정도이다. 요즘에는 부천이나, 부산, 그리고 제주도에서도 사역자들에게 전화가 오기도 한다. 전화가 와서 이런 문제가 있으니까 도와 달라고 했다. 전화번호를 어떻게 알았냐고 물어보니까 아이들끼리 연줄연줄 해서 알게 되었다고 했다. 이렇게 해서 이주민 아이들 사이에 이 교회는 꽤 널리 알려진 교회가 되었다.

외국인들을 대할 때는 무시하지 않고 인격적으로 대해주는 것이 무엇보다 중요하다. 그 아이들의 필요를 채워줄 수 있는 열린 마음, 외국인을 외국인으로 보지 않는 그런 마음이 필요하다. 외국인들은 그런 것이 느껴지면 바로 마음을 닫아 버린다. 이들은 다문화 가정이라는 말을 싫어하는데, 다문화 가정이라고 해도 대하는 것은 외국인처럼 대하지 않는 마음이 필요하다. 그 사람들이 선입견을 갖고 마음의 문을 닫고 왔다가 떠나 버리는 일은 없어야 한다. 그 아이들의 마음을 이해하고, 그리고 만날 때마다 본국에 있는 그 아이들의 부모님과 식구들에게 관심을 갖고, 함께 기뻐하고 함께 슬퍼하며 같이 눈물 흘리고 기도도 하면서 그 아이들을 100% 이해하고 공감을 해주는 것이 굉장히 중요하다.

이 목사의 꿈은 선교 기업을 만드는 것이다. "쉰들러 리스트(Schindler's List,1933)"에서 쉰들러가 유태인을 구하기 위해서 큰 공장을 만들어 사람들을 고용해서 그들을 살린 것처럼 이 목사는 외국인 근로자들과 함께 생활할 수 있고, 일을 할 수 있는 그런 기업을 경영하면서 그들과 함께 일하고 또 아침마다 예배드리고, 복음 전하고, 때가 되면 그들을 본국으로 파송하는 그런 선교 기업을 만들기 위해서 기도하고 있다. 물질적인 성장을 위한 기업이 아니라 선교를 하고, 복음을 전하기 위하여 존재하는 선교 기업을 꿈꾸고 있다.

4) 미얀마 공동체 이야기

서울 신월동에 위치한 미얀마의 친족 공동체는 본래 유명 대형 교회에 속해 있었는데, 모든 일을 한국 사람들이 주도하고 예산도 한국 사람들이 관리하며 통제를 했기 때문에 자신들이 주체적으로 활동하기 위해서 독립해 나오게 되었다. 지금은 신월동의 한 중소형 교회의 공간을 빌려서 오후에 자기들끼리 예배를 드리고 있다. 전에는 가리봉동에 있는 작은 교회에서 모였지만 공동체 인원이 늘면서 더 넓은 장소를 필요로 하게 되었고, 이 교회 저 교회를 찾아다니다가 현재의 교회가 적당하다고 판단되어 담임 목사님께 말씀 드려서 장소를 얻게 되었다.

미얀마의 한 부족인 친족은 독특하게 기독교 선교사를 통해 기독교화가 되어서 전체 미얀마 인들과는 달리 부족민 중 90% 이상이 기독교인들이다. 그런데 미얀마에서도 친족은 산악 지역에 위치해 있어서 발전이 더디고 경제 사정이 좋지 않아서 외국으로 나가는 사람들이 많다. 특히 아시아 국가들 중에 기독교 인구가 많고 경제도 발전한 나라인데다가 최근에 한국에서 비자 받기가 수월해져서 한국에 들어오는 미얀마 사람들이 부쩍 늘었고, 특히 신학 공부를 하려고 오는 친족 사람들이 많다고 한다. 대략 400명 정도의 친족 미얀마 인이 한국에 들어와 있다.

미얀마 친족 공동체는 총회신학대학교에서 신학을 공부하는 미얀마인 목사가 모임을 인도하고 있고, 신학을 공부하는 미얀마 사람들이 돌아가면서 설교를 한다. 그리고 이 교회 근처에 전셋집을 얻어서 따로 모임을 갖고 있다. 주말마다 50명 이상이 모이는데, 토요일이면 멀리 떨어져 있는 사람들까지도 이 집에 모여서 저녁부터 밤늦게까지 식사를 함께 하고 교제를 나눈다. 일이 일찍 끝나는 사람들이 자발적으로 와서 식사 준비를 하고 늦게는 10시 넘어서 오는 사람도 있다. 집이 비좁아서 몇 사람은 주변 여관에서 자기도 하지만, 이 모임을 좋아해서 주말마다 빠지지 않고 모이고 있으며 모이는 사람도 점점 늘고 있다. 주일 오전에는 교회 공간을 사용할 수 없기 때문에 이곳에서 기도회를 갖고, 오후에 교회로 옮겨가서 예배를 드린다. 집세와 관리비로 한 달에 130~140만 원 정도가 드는데, 회원들이 일정한 액수를 분담하여 해결하고 있지만, 형편들이 넉넉지 않아서 항상 쪼들리고 있다. 게다가 좁은 공간에 외국 사람들이 많이 모여서 주말마다 떠들썩하기 때문에 주변의 한국인들이 좋아하지 않는다면 집주인이 전세 기간을 연장하지 않겠다고 통보하여 다른 거처를 마련해야 할 형편이다.

미얀마 사람들은 거리에서도 별로 환영받지 못한다. 버스를 타고 가다가 조금만 큰 소리로 이야기를 나누면 주변에 있는 한국 사람들이 싫어하여 "시끄러!"라고 소리를 지르며 매우 무례하게 대한다. 그러나 한국 사람들은 영어로 이야기하는 사람들에게는 그렇게 무례하게 대하지 않는다. 한국 사람들도 외국에 나가면 똑같은 이유로 무시당할 수 있음에도 한국에 있는 외국인들은 무시하고 깔보기 일쑤다. 그래서 다른 미얀마 사람들에게 버스나 지하철을 타면 말하지 말라고 충고를 한다. 한국 사람들은 하나의 언어, 하나의 문화를 가지고 있기 때문에 타문화에 대한 이해가 부족하여 외국 사람들의 행동을 보면 언제나 '이상하다'는 반응을 보인다고 한다.

한국교회와 교류를 하고 싶어하지만, 대부분 공동체 사람들이 한국말이 서툴러서 여의치 않다. 그리고 앞으로 기회가 된다면 한국교회와 연계해서 여러 가지 사역도 함께 하길 원하지만, 아직은 공동체 구성원들에게 더 신경을 써야할 처지이다. 사람들의 수입도 넉넉지 않고, 말이 통하지 않아서 약국이나 병원에 다니기도 어렵기 때문에 한국교회들의 도움을 절실히 필요로 하고 있다.

5) 안산이주민센터와 국경없는마을

마지막으로, 다문화 사역을 말할 때 빼놓을 수 없는 곳이 '안산이주민센터'

와 '국경 없는 마을'이다. 우리가 방문한 곳은 아니지만, 문헌 자료를 통해 파악한 이 단체에 대해 간략하게 소개해 본다. '안산이주민센터(구 안산외국인노동자센터)는 1994년 대한예수교장로회(통합) 서울 서남노회와 부천노회에서 전국에서 이주민이 가장 많은 안산, 시화 공단지역에 설립한 기관이다. 국내 최대의 이주민 집단거주지인 안산 지역에서 이주노동자들이 당하는 사회 차별을 정부가 마련한 제도만으로는 해결할 수 없다는 문제의식에서 출발하여, 다양한 문화 주체들이 함께하는 다문화공동체를 만들기 위해 세워졌다. 곧 외국인 노동자들도 안산의 지역 사회를 구성하는 어엿한 시민으로서 한국인뿐만 아니라 다양한 나라의 이주민들이 더불어 살아가는 다문화 공동체를 만들자는 취지로 시작되었다.

그리고 안산이주민센터의 경험과 역량을 보다 다양한 전문가 및 활동가 집단과 공유하기 위해 2006년 7월에 사단법인 '국경없는마을'이 만들어졌다. 국경 없는 마을은 원래 이주노동자들이 많이 모여 살고 있는 안산시 원곡동을 가리키는 말이나 현재는 이주노동자 밀집지역에서 차별 문화를 극복하고 다문화 공동체 형성을 목적으로 하는 용어로도 통용되고 있다.(박천웅, 2006: 5) 국경없는마을은 다문화사회교육원, 다문화컨텐츠 개발원, 국경없는마을 훈련원을 통해 우리 사회에 알맞은 다문화의 개념 및 정책적 준거를 마련하기 위해 연구 조사하고 있다. 국경없는마을에서 출간된 『국경없는마을과 다문화 공동체』, 『이주민 신학과 국경없는마을 실천』, 『다문화 교육의 탄생』 등의 저서는 다문화 사역을 준비하는 데 매우 중요한 자료이다.

또한 내외국인을 포괄하는 다양한 문화 주체들을 대상으로 하는 다문화 컨텐츠 및 현장 프로그램을 개발하며 다문화 교육, 공동체 형성 및 지원 사업 등을 수행하고 있다. 연계 기관으로 '코시안의 집', '안산이주여성상담소', '이주난민 쉼터' 등이 있다. 여기서 코시안(Kosian)은 Korean+Asian의 합성어이다. 혼혈아 등의 차별적 언어를 해소하기 위해 안산이주민센터에서 처음 사용한 용어이다. 초기에는 국제결혼 가정의 2세를 가리키는 말이었다가, 점차 한국에서 결혼한 이주노동자의 자녀도 포함하여 부르게 되었다.

안산 코시안의 모임이 1996년 4월에 우리 사회의 소외 속에서 서로를 돕기 위해 만들어진 이후 2000년 9월에 이르러 '코시안의 집'이라는 공동체로 발전하게 되었다. '코시안의 집'은 안산 지역을 중심으로 거주하는 코시안들을 지지하고 지원하기 위해서 활동해 왔으며, 2003년 10월에 코시안 다문화 가정의 아동을 위한 코시안의 집의 공간을 마련하여 운영하고 있다. 그리고 '안산이주여성상담소'는 여성문제를 중심으로 이주여성과 연대하는 기관으로 피해 국제결혼 가정 상담, 성폭력 및 가정폭력 상담, 한국 문화 적응 교육, 다문화 가족 지원 사업 등을 하고 있다.

6) 외국인들의 이야기

(1) P씨 이야기

한 이주민 공동체에서 만난 인도 출신의 31세인 P씨는 한국에 온 지 11년 되었고, 한국인 여성과 결혼하였다. 현재 장로회신학대학교 신학과에 재학중이다. 그는 여느 외국인들과 달리, 돈을 벌기 위해 한국에 온 것이 아니고 인도에서 말썽을 부려서 부모님이 조금 고생을 하면서 인생을 배우라고 한국에 보냈다. 그는 운동을 좋아했는데, 친구가 이 이주민 공동체에서 같이 운동을 하자고 해서 오게 되었다. 인도 사람들이 믿는 힌두교는 다신교이기 때문에 기독교에 대해서도 별 거리낌 없이 받아들이게 되었지만, 예수도 단지 여러 신 중에 하나로 인정하는 정도였다. 그런데 그 공동체에서 아주 열심히 활동하는 한국 여성을 만나 그 여성에게 잘 보이려고 자신도 공동체 활동에 열심히 참여하게 되었다.

그러던 어느 날, 가까운 친구가 살인 사건에 휘말리게 되었는데 그때 이 일을 잘 해결될 수 있도록 간절히 기도를 하면서 신앙이 싹트게 되었다. 그 일 후에 예수님이 실제로 존재한다고 믿게 되고 목사님께 신학 공부를 하고 싶다고 말하였다. 그런데 그때 P씨는 불법체류자 신분이었기 때문에 비자 문제가 있었다. 목사님은 하나님의 뜻이라면 해결될 것이라며 인도에 돌아가서 다시 비자를 신청하자고 하였다. 이 때 그는 이제 막 신앙이 생겨서 신학 공부를 하려고 하는데 제발 도와달라고 다시 간절하게 기도하였다. 기도의 힘으로 한국 대사의 마음이 열렸는데, 그 대사는 많은 서류들을 보여 주면서 한국으로 가고 싶어도 못 가는 사람들이 많다고 하면서 진짜로 신학 공부를 하려고 한다면 자신이 내는 문제를 다 맞히면 비자를 내주겠다고 하였다. 당시에 P씨는 성경을 읽기는 했지만, 자세한 내용은 몰랐는데 놀랍게도 한국 대사는 P씨가 아는 문제만 질문했다. 그래서 문제를 다 맞힌 P씨는 4일 만에 비자를 받고 한국으로 들어올 수 있었다. 그렇게 해서 한국에 들어온 P씨는 정말로 예수님을 잘 믿게 되었지만, 자신이 더 잘 알아야 다른 사람에게 신앙을 전할 수 있다는 생각에 신학교에 입학하게 되었다.

P씨는 한국 생활이 10년이 넘었지만, 아직도 한국 생활이 힘들 때가 있다. 예를 들면 지하철을 타고 자리가 나서 앉으면 옆에 있는 사람이 일어나 버리는 일이 있다. 그리고 한번은 어떤 친구를 데리고 병원을 가고 있었는데, 그 친구는 조금 나이가 많고 시크 종교를 갖고 있는 사람이어서 터번을 쓰고 수염도 길었다. 그 친구와 같이 가고 있는데 경찰이 나타나서 여권을 보여 달라고 하였다. 어떤 한국 사람이 오사마 빈 라덴이 지하철을 탔다고 신고를 했단다. 또 어떤 친구는 인도에서 온 지 8개월이 되었을 때 인도에 있는 와이프가

임신을 해서 아이를 낳아서 너무 기뻐서 친구들을 불러서 파티를 하며 삼겹살집에서 맛있는 것도 먹고, 술도 조금 마셨다. 그런데 인도 사람들의 문화는 앉아서 이야기를 할 때 조금 큰 소리로 이야기를 한다. 그때도 서로 큰 소리로 얘기를 하고 있었다. 그런데 옆에서 다른 사람이 신고를 해 버렸다. 여기서 이상하게 생긴 외국 사람들이 술을 먹고 있는데 싸움이 날 것 같으니 빨리 오라고 신고를 해서 경찰이 왔다. 또 어떤 친구는 공장에서 일하는데 열심히 일하다가 사장 아들이 다리가 아프다면서 그 친구에게 다리 마사지를 하라고 했다. 그 친구는 일을 하고 있어서 바빠서 시간이 없으니 일을 하고 조금 있다가 해 주겠다고 하니까 사장 아들이 화가 나서 나무로 그 친구를 마구 때렸다. 주일날 모임에 와서 보여 준 상처를 보고 P씨는 회사에 찾아가서 사장에게 얘기를 하였는데 그 아들이 오더니 가서 신고하라고 소리를 질렀다. 그 친구는 불법체류자였기 때문에 경찰에 신고할 수 없다는 것을 알고 그랬다. 그리고 그 친구들은 병원도 가고 싶어도 의료보험이 없기 때문에 병원에 갈 수가 없다.

P씨는 이런 여러 가지 어려운 일들이 많이 있다고 하면서 한국은 외국인들이 살기 쉽지 않은 나라라고 말한다.

"아무리 다문화 사회라고 얘기하지만 제가 보기에 아직도 많이 멀었어요. 70년 더 걸릴 것 같아요. 저도 다문화 프로그램에 참여하고 있는데 제가 열심히 학교 마다 가서 다문화를 이해시키고 있습니다. 왜냐면 제가 확실하게 몇 년간 한국에서 봤는데 어른들 생각은 바꿀 수가 없어요. 어른은 바꿀 수는 없지만 한국의 미래는 바꿀 수가 있어요. 그래서 아이들부터 생각을 바꿔 주기 위해서 초등학교, 중학교, 고등학교 학생들에게 가서 인도 문화를 알려 주면서 다문화 교육을 하고 있습니다."

P씨는 한국교회의 다문화 사역에 대해서 10년 전을 생각하면 지금은 한국 교회가 진짜 잘하고 있다고 말한다. 하지만 아직도 부족한 것이 많이 있다고 생각하는데 예를 들면 인도 모임은 여기만 있는 것이 아니라 다른 큰 교회에도 있지만 사람들이 큰 교회에 가지 않는다. 큰 교회에서는 버스까지 보내 주는데도 그 교회에 가지 않고 거리가 먼 이곳 이주민 공동체로 나왔다. 그 이유는 큰 교회의 인도 모임은 한국 사람들이 주도하고 설교도 한국말로 하기 때문에 알아듣기가 어렵기 때문이다. P씨는 큰 교회 사람들에게 한국말로 하지 말고 인도 사람 중에 신학하는 사람이 많이 있으니까 그런 분들을 세워서 설교를 하게 하라고 말했다.

> "한국교회는 처음부터 끝까지 다 한 사람이 다 하고 싶어 해요, 설교부터, 찬양도 한국말로 하고요. 저도 처음에는 한국말로 해서 도망갈 수밖에 없었어요."

그리고 선교를 하기 위해서는 선교 대상국 사람들의 문화를 알고, 그 사람들의 마음을 알아주면서 그 사람들의 마음에 맞게 선교를 하면 좋겠다는 그의 말에 귀를 기울일 필요가 있다. 그는 이런 이야기를 들려주었다.

> "어떤 회사에서 8명이 함께 일하고 있었어요. 그 사람들은 교회에 열심히 갔어요. 하지만 예수님을 믿어서 간 것이 아니라 자기 필요한 것을 채우기 위해서 교회를 갔어요. 그리고 어느 날 교회 담임 목사님이 이 친구의 집에 심방을 하기 위해 방문을 했어요. 그런데 이 친구는 예수님을 안 믿었기 때문에 방에는 다른 신 사진이 있었어요. 목사님이 그 사진을 보고 화가 나서 그 사람에게 '이것은 사탄이다, 너는 이것을

믿으면 안된다.'고 야단을 치셨어요. 그때 그 친구가 상처를 너무 많이
받아서 평생 교회를 안 가겠다고 저에게 얘기를 하더라고요."

P씨는 신학 공부를 다 끝내고 나면 바로 인도로 갈 생각이다. 하나님께서
주신 곳은 한국은 아니고 인도이기 때문이다.

"지금은 훈련하는 기간이고요, 앞으로 하나님께서 인도로 가라고 하
신다는 것을 믿고 있습니다. 감사하게도 한국 땅에서 인도 사람들이 세
례를 많이 받고 있습니다. 하지만 여기서 세례 받고 인도로 들어가면
자기 신앙을 지킬 수 없습니다. 왜냐면 거기에는 교회가 없기 때문이
에요. 교회에 가고 싶어도 집에서 교회까지 두 시간, 두 시간 반 거리에
요. 인도가 교통도 안 좋고 아주 힘이 들기 때문에 그 분들이 신앙을 포
기하게 되요. 제가 그것을 위해서 가정교회 같은 것이라도 세워 주면
좋겠다고 하나님께 많이 기도를 하고 있어요. 저는 이 일에 헌신하고
싶어요."

(2) H씨 이야기

이란 출신의 45세 H씨는 장로회신학대학교 신대원에 다니고 있다. 그는
이란에서 경제적으로도 힘들고 자유롭지 못한 생활이 힘들어서 외국에 나가
려고 했는데, 일본과 한국을 생각하다가 일본에는 이란 사람들이 많아서 한
국으로 오게 되었다. 처음에는 안산에 있는 공장에서 밤낮으로 일했는데 쉬
지 않고 일하는 게 힘들어서 거기서 나와 경기도 광주에 있는 공장에서 13년
간 일을 했다. 그 다음엔 서울에 올라와서 한 7년간 인쇄소에서 일을 하였다.
그는 한국 사람들이 너무 빨리 빨리 일하는 것이 힘들었다고 한다. 이란
공장에서 한 8시간 일을 하면서 10개를 만들어야 되면, 한국은 8시간 일을 하

면서 30-40개를 만들어야 될 정도였다. 그리고 야간까지 일을 해야 하는데 외국인들에게는 열심히 일을 해도 돈도 많이 주지 않았다. 게다가 같이 일하는 한국 사람들도 외국인 노동자들을 좋아하지 않는다. 외국인 노동자들 때문에 한국 사람들이 일자리를 구하기 어렵다고 생각하기 때문에 한국인 노동자들과 싸움도 종종 일어난다. 그리고 한국 문화도 이란과는 많이 달랐다. 한국 사람들은 손으로 밥을 먹지 않고 젓가락으로 밥을 먹고, 날씨가 추워도 공장 안에서 차가운 물로 샤워를 하였다. 이란 사람들은 더운 기후이기 때문에 차가운 물로 샤워를 하는 것도 힘이 들었고, 날씨가 추울 때 일하는 것도 무척 힘들었다. 날씨가 너무 추워 발가락이 찢어지고 피가 나기도 하였다.

그는 이란 사람들과 지내지 않고 한국 사람과 지내고 있었는데 그들과 함께 교회에 나가게 되었다. 그때 교회 다니는 사람들이 외국인들을 도와주는 것을 보고 감동을 받았다고 한다. 그 역시 교회에 와서 9년 동안 여러 가지 도움을 많이 받았고, 한국말도 조금씩 알게 되었을 때 목사님이 주일에 시간이 되면 우리 교회에 와서 한국말을 못하는 이란 사람들을 도와주라고 부탁을 하였다. 그래서 그때부터 교회 일을 하기 시작하였다. 그러던 중에 한 장로님을 만나서 옥탑방에서 7년간 성경 공부를 했는데 그 장로님이 선물로 준 성경책을 직접 읽으면서 기독교 신앙을 갖게 되었다.

H씨는 2003년 결혼하기 전에 난민 신청을 해서 5년 후에 허가를 받았고 지금은 한국으로 귀화를 했다. 이슬람 국가인 이란에서 기독교 신앙을 가지고 살 수 없기 때문이다. 세례 받고 이란으로 간 사람은 철저하게 아무도 모르게 비밀로 한다. 자기 가족에게 얘기를 하고, 친구들에게 얘기를 하기도 하지만 매우 위험하다. 지난해에는 이란에서 30명의 이란 기독교인들이 잡혔다. 이란에는 지하 교회가 있는데, 경제적으로 힘들고 미국과 전쟁을 하고 있고, 여러 가지로 힘들어서 개종하고 예수님을 믿는 사람들도 있다. 그런데 세

례를 주면 비밀경찰들이 다 알게 되기 때문에 이란 목사님들은 세례를 잘 주지 않는다. 세례를 주고 나서 안 줬다고 거짓말을 할 수 없기 때문이다. 한 집 지하에서 모이면 너무 위험해서 나눠서 20명, 30명, 50명씩 다 모이는 곳을 바꿔 가면서 모이고 있다.

그는 신대원을 졸업하고 나면 안수를 받고, 이란으로 들어가고 싶지만 너무 위험하기 때문에 이란 주변에 있는 나라들 중에 터키나 아데르바이잔에 가서 선교를 하려고 계획하고 있다. 그곳에 이란의 젊은 사람들이 젊은 사람들이 많기 때문이다. 그는 이란의 기독교인들과 선교사들을 위해서 기도를 해달라고 부탁하였다.

도움 받은 글

George A. Yancey(2003), 『One Body One Spirit』. IL: InterVarsity Press.

노영상(2008), "다문화 사회의 통합에 대한 교회적 접근," 「제1회 국제 이주자 선교 포럼 자료집.

박천응(2006), 『이주민 신학과 국경 없는 마을 실천』. 안산: 국경없는마을.

박천응(2007), "다문화 이주민 선교 패러다임 전환과 당면 과제". 《교회와 신학》. 70호.

최용진(2009), 「다문화 사회 속에서 이주민 사역을 감당하는 다문화 교회」 총신대 학교 석사학위논문.

VII. 교회와 다문화 사역의 실제

장 진 원(GMN,목회사회학연구소/목회사회학)

지금까지 다문화라는 거대한 담론 속에서 우리가 끄집어내려는 것은, 점점 가속화되어가는 다문화 현상 속에서 우리의 교회가 어떻게 그들을 섬기며 하나님의 복음적 사명을 감당할 수 있는가에 그 초점이 있었다. 이를위해서 우리에게 필요한 문화 이해와 다문화 현상에 대한 사회적 함의들을 도출하고, 성경적 이해를 바탕으로 기존 교회들의 다양한 선교적 모형들을 살펴보았다. 이것만으로도 다문화 시대에 교회의 역할과 사명에 대한 많은 도움과 가치를 가진다고 할 수 있다. 하지만, 이와 더불어서 우리는 다른 차원에서의 이해를 통해 좀 더 실제적인 교회와 다문화 사역의 현장의 이야기를 제공할 필요가 있다. 이것은 다문화 현상을 우선하는 문제 제기를 좀 미뤄 두고 이러한 현상을 받아들이는 교회에 대한 물음에서 시작하는 것이다. 이를 통해서 좀 더 실제적인 교회와 다문화 사역의 이야기들이 풍성해질 수 있으리라는 기대이다.

다문화 사역의 현장은 어느덧 또 다른 변화를 맞이하고 있다. 여기에서 의미하는 다문화 사역의 의미 또한 이제는 좀 더 보편화되고 정리될 상황에 놓여있다는 뜻이다. 과거 대형교회를 중심으로 진행되었던 다문화 사역의 프로그램들을 평가할 수 있는 상황은 아니지만, 적어도 변화하는 다문화 사회에 대한 교회의 움직임은 큰 변화를 찾기가 어려웠다고 할 수 있다. 대형교회를 중심으로 한 선교적 차원의 다문화 선교가 쉼터 운영과 상담, 다양한 지원적 서비스가 가능한 역할 속에서 그들에게 많은 도움과 수혜를 주었다면, 좀 더 사회적인 차원에서 그들의 인권과 복지에 관심가져 온 현장의 교회들은 전문적인 다문화 사역에 공동체적 차원을 제시하였다고 할 수 있다.

전자의 경우는 풍부한 인력과 재정을 바탕으로 한 수혜적 돌봄과 섬김의 모형이었다면, 후자의 경우는 전문성과 현장을 바탕으로 한 변화와 개혁의 모형이라고 할 수 있다. 물론 이 두 가지가 명확하게 분리되거나 나눠진 것은 아니다. 서로 간의 협력과 일치의 부분들은 언제나 공유되었다고 할 수 있다. 하지만 그 속에서 우리가 놓친 것이 있다면 바로 삶의 부분이다. 여기서 말하는 삶의 범위를 좀 더 구체적으로 설명한다면, 그들이 사는 지역, 문화, 관계 등을 포함한 또 다른 문화적 삶의 범주라고 할 수 있다.

예를 들어, 어떠한 문제가 생긴 후 그것을 해결하는 방법을 생각해 보자. 문제가 발생되면, 그것에 대한 해결과제를 제시한다. 그리고 그 해결을 통해서 문제를 해결한다. 그래서 문제가 해결되었다고 생각하지만 많은 경우 문제를 이해하는 방법과 인식의 차이를 극복하지 못한다면 궁극적인 문제의 해결은 쉽지 않다. 여기에는 두 가지의 한계가 존재하기 때문이다. 먼저는, 문제를 보는 차원에서 발생한다. 다문화 현상이라는 문제가 발생했다면, 우리는 '왜?'라는 질문과 함께 '어떻게?'라는 형태로 반응한다. 하지만 여기서 말하는 '왜'와 '어떻게'는 '나'(I)의 언어가 아니라, 그것(It)의 언어다. 즉 그 현상에 대한 나의 반응으로, 나의 차원으로 올리지 않을 때는 언제나 일회적인 사건이 될 수밖에 없다. 다문화 가정 속에서 그들의 삶 속에서 다문화를 보는 것과, 현상 속에서 다문화 모습을 보는 것과는 그 문제의 차원이 같을 수 없다. 다음으로, 해결의 차원에서의 한계를 가지게 되는 것이다. 보는 차원의 한계 속에서 그 해결의 차원 또한 한계를 가지게 된다. 나의 문제에서 시작되지 않은 문제는 현상의 해결을 우선시한다. 국가의 정책이나, 프로그램들의 대부분은 이러한 현상의 문제를 해결하는 정책적 양상으로 진행된다. 즉 삶의 가치나 장기적인 비전을 제시하기보다는 단기적인 부분을 해결하려는 결과를 가져온다. 문제는 이러한 차이가 결국은 본질에 대한 왜곡들을 일으키는 미묘한 지층(Fault line)이다.

이러한 관점에서 우리는 교회와 다문화 사역의 새로운 차원을 바라볼 수 있어야 한다. 결국 이것을 극복하는 것이 바로 삶의 문제이고, 가치의 문제이다. 이러한 문제의식 속에서 교회와 다문화 사역의 관계를 새롭게 돌아보고, 실천적인 과제를 통해 한국교회의 다문화 사역의 과제를 제시해 보아야 할 것이다.

1. 교회의 선교적 사명

"그러므로 너희는 가서 모든 민족을 제자로 삼아 아버지와 아들과 성령의 이름으로 세례를 베풀고 내가 너희에게 분부한 모든 것을 가르쳐 지키게 하여라 볼지어다 내가 세상 끝날까지 너희와 항상 함께 있으리라 하시니라"(마28:19-20).

교회는 선교적이다. 이 뜻은 선교라는 사명을 가진 교회 조직이나 구조가 아니라, 교회자체가 가지는 선교적 가치지향성을 의미한다. 하나님은 선교적인 하나님이 되시며 교회는 그분에 의해서 파송된 백성으로 존재하며 하나님의 증언과 도구로서 모든 피조물을 끌어안는 하나님 자신의 선교적 백성이 되기 때문이다.(조해룡,297) 이것을 이해하기 위한 선교적 교회(Missional Church)는 최근 신학적 담론의 중심이라고 할 수 있다. 한국교회가 가지는 선교적 신학과 현장은 이 가운데에서 새롭게 정립되어야 한다. 그러할때 다문화 상황에 대한 교회의 선교적 가치를 새롭게 볼 수 있다.

결국 교회론의 새로운 선교적 차원이 새로운 가치와 상황을 보게 할 수 있는 것이다. 이러한 상황에서 한국교회는 새로운 변화를 시급하게 요청받고 있다. 기존의 교회 중심의 전통적인 구조로부터 벗어나 하나님 중심의 교회론으로의 정립이 필요하다. 제도적이고 전통적인 교회 구조 속에서, 권위적이고 수직적인 체제의 교회의 구조로부터 하나님의 선교의 '참여적인 주체'로서 개방과 헌신 그리고 하나님의 선하신 목적을 수행하고자 하는 겸손한 마음의 자세가 필요하다.(조해룡, 298) 이 자세는 교회가 세상을 보는 눈과 마음을 새롭게 담아내야 할 책임으로 변화된다. 이 변화는 개인의 의지나, 세상을 향한 선포적 지향성을 공동체의 책임과 세상을 섬기는 마음으로 보게 한다. 이 것이 다문화 선교를 시행하기 전에 바꾸어야 할 교회의 선교적 사명이다.

다문화 현상은 글로벌 시대를 살고 있는 사회적 문화적 상황이며, 이에 대한 현실은 앞으로 더욱 가속화 될 것이다. 이러한 상황 속에서 교회의 선교적 사명은 새로운 도전을 받고 있다. 종교 다원주의로 대표되는 현대 포스트모더니즘은 그 의미와 현상에서도 빠르게 전파되고 있다. 한국의 다문화 현상은 사실 이미 서구 유럽에서 진행되고 있는 다문화 다종교 속에서의 다양한 현상과 문제의 그 시작을 알리고 있기 때문이다. 선교적 개념에서도 이것은 매우 중요한 부분이다. 다문화는 단순히 문화적 결합이 아닌 종교적 신념의 결합이고 익숙함이다. 우리의 단순한 시각에서는 복음전도를 위한 대상이고 현실일 수 있지만, 삶의 차원에서 본다면 새로운 문화와 종교의 신념이고 믿음이다. 다양한 국가에서 유입된 힌두교도, 이슬람교, 시크교도, 통일교도 등 그들의 종교와 신념 속에서 교회가 감당해야 할 선교적 과제를 물어보기 이전에 이러한 현상을 통한 가치와 선교적 개념을 확립하여야 한다.

뉴비긴이 주장한 다원주의의 상황에서의 선교는 다문화 현상 속에서의 선교적 개념에 많은 도움을 줄 수 있다. 한마디로 정리한다면, "다원주의 상황을 무시할 수도 벗어날 수도 없지만, 그 속에서 가지는 복음의 가치를 보다 진지하게 살아가야 한다"는 것이다. 이를 위해서는 복음의 경험과 삶, 그 속에서 본질적으로 역사하시는 하나님의 전적인 회심을 개인과 공동체가 살아가야 한다고 말한다. 하지만 선교적 행위에 있어서 기독교 공동체를 분열시키는 잘못된 선교적 개념을 두 가지로 제시하고 있다. 먼저는 개인의 회심, 세례, 교인 만들기를 배타적으로 강조하여 교회의 수적 성장을 선교의 핵심 목표로 삼고 복음은 사람을 변화시키는 것이지 구조를 바꾸는 게 아니라고 주장하는 그룹이다. 다른 한편에서는 복음이란 하나님의 나라에 관한 것, 곧 모든 나라와 만물을 다스리는 하나님의 통치에 관한 것이라고 주장한다. 이를 통해 그리스도인이 선의를 품은 다른 이들과 함께 국가적 문제를 다루고, 억눌린 자를 해방시키고, 병든 자를 치료하며, 절망한 자에게 희망을 준다.

문제는 이 두 가지의 입장이 가지는 본질의 왜곡이다. 선교라는 것은 우리의 사역-복음 전파든 사회 참여든-이 아니라 하나님의 사역이라는 진리다(레슬리 뉴비긴, 252-263)[5]. 이것을 회복하고 균형을 잡는 것 또한 우리의 능력을 벗어난 진리일 수도 있다. 하지만 이미 하나님 나라속에서 경험된 예수그리스도의 십자가의 성육신적 사건과 성령의 역사속에서 이 땅의 교회가 지고 가야 할 선교적 사명이다.

5) 뉴비긴은 이러한 선교적 갈등의 회복의 차원에서 몇 가지의 실천적 논의들을 말하고 있다. 1. 말과 행위, 복음전파와 사회적 행동을 서로 대립시키는 것은 언어도단임이 분명하다. 중요한 것은 말도 행위도 아닌 그리스도 안에서 성령의 능력으로 사는 공동체가 삶 전체를 통하여 그분의 고난과 부활의 능력에 동참하는 일이다. 2. 세상에서 정의와 평화를 위해 활동하는 것은 복음 전도라는 핵심적인 과업에 비해 별로 중요하지 않은 부차적인 일이 아님이 분명하다. 3. 그러므로 정의와 평화를 위해 활동한다고 해서 하나님의 뜻으로 확인된 어떤 특정 프로젝트에 완전히 헌신해야 하는 것은 아님이 분명해졌다. 4. 그러나 곧바로 강조해야 할 것은, 이 진리가 오용되어 정치적·문화적 영역에 책임 있게 참여하는 신자들을 뒤로 물러가게 한다면 그야말로 불행한 실수를 저지르는 것이 아닐 수 없다. 5. 따라서 정의와 평화의 문제와 관련된 교회의 주요 역할은 공식 성명을 발표하는 것이 아니고, 교인들을 계속 양육하고 훈련시켜 삶의 현장에서 시민으로서 신자다운 행동을 하게 하는 일이다. 6. 교회의 존재 기반인 그 중심 진리를 명시적으로 가리키는 일이 항상 필요할 것이다.

2. 교회의 다문화 현장

교회의 선교적 사명속에서 다문화 사역은 삶과 가치의 문제이다. 이것을 이루는 핵심이 바로 '복음'과 '하나님 나라'를 포함한 삼위일체적이고 성육신적 사건이다. 이것을 우리의 교회의 다문화 현장에서 어떻게 구현하고 실현할 수 있는가? 이를 위해 우선 교회의 다문화 현장을 점검해 볼 필요가 있다.

> 어느 주일 날 필리핀 자매가 어린 아기를 안고 교회에 들어왔다. 교회에 안내를 하던 집사님들이 좀 당황하는 모습으로 어떻게 할지몰라 목사님을 찾아왔다.목사님은 간단하게 인사를 한 후 교인등록카드에 한글로 일단 이름을 기입했다. 조금은 어색한 만남을 한 후 새가족 인사하는 시간에 환영 인사를 했지만, 서로가 어색한 것은 마찬가지였다. 그날 예배는 어딘가 모르는 어색함이 흐르고 있었다.

흔히 볼 수 있는 주변의 예배 모습일 것이다. 최근 전국적으로 다문화 가정이 늘어나고 있다. 이들의 종교도 다양하며 그 배경도 각양각색이다. 하지만 대부분은 중국이나 동남아시아에서 한국으로 시집을 온 젊은 여성들이 많은 부분 차지하고 있다. 이들이 교회에 나온 이유들도 다양할 수 있지만, 현장에서 느끼는 몇 가지의 유형별로 나누어 볼 수 있다.

- 가족형 참여 : 다문화 여성의 경우는 한 남자의 아내로 살아가는 것보다는 한 가족의 아내로 들어오는 경우가 많다. 실제로 이들은 한국에서 개인적으로나 상황적으로 한국여성과 결혼하지 못한 남성을 대상으로 시집을 오는 경우이다. 이러한 경우 남편보다는 시어머니나 시누이들이 외국 며느리와 깊은 관계를 가지고 있다. 종교생활의 경우도 이들과 함께 하게 되는 경우이다.
- 전도형 참여 : 교회의 전도를 통해서 종교를 소개받고 참여하는 경우이다. 다문화 여성의 경우는 이웃과 친밀한 관계를 맺기가 쉽지 않은 상황 속에서, 전도를 통해서 관계를 형성하고 교회로 나오게 되는 경우이다.
- 관계형 참여 : 외국인들은 자기 나라들끼리의 네트워크가 잘 이루어지며, 국제결혼의 많은 경우는 이미 들어온 여성들이 자신의 친척들을 소개해서 한국으로 계속 유입되는 경우가 많이 있다. 또한 지역사회 속에서 다문화 프로그램을 통해서 같은 나라간의 소통과 관계들이 맺어진다. 이러한 관계를 통해서 교회에 나오게 되는 경우이다.
- 자발적 참여 : 종교가 동일하거나, 자신의 필요에 의해서 교회에 스스로 오는 경우이다. 어느정도 한국사회에 적응기간을 지났거나, 자녀를 출산하여 아이양육에 대한 정보나 관계가 필요한 경우 교회에 나오게 되는 경우이다.

이 외에도 외국 노동자들의 경우는 국가 공동체별 모임이나, 노동환경이나 필요에 따라 교회로 나오는 경우가 대부분이라고 할 수 있다. 하지만 외국 노동자들의 경우는 이직과 환경에 따른 이동이 많은 반면, 다문화 가정은 한 지역에 정주하는 경우가 많이 있다는 것이다.

한 교회 공동체에 이러한 다문화 교인이 들어올 때 우리의 교회는 어떻게 그들을 맞이하고 어떠한 준비를 하고 있는지를 먼저 생각해 볼 필요가 있다. 사실 지역의 작은 교회라면 그들의 출석이 그리 반갑지만은 않을 수도 있다. 재정적으로나 환경적으로 열악한 교회가 그들에게 어떠한 필요를 채워주어야 한다는 부담감이 생겨나는 것도 사실일 것이다. 하지만 실제로 그들의 삶에 대한 관심과 필요는 우리의 시각과 많이 다르다는 것도 사실이다.

"그들에게 가장 중요한 것은 친구예요. 그들이 힘들고 어려운 것은 물질이나 환경보다는 정보를 얻고 의지할 수 있는 친구라고 할 수 있어요. 이미 정부에서 많은 지원을 해주고 있고요. 어느 정도 그런 지원정보는 서로간에 잘 전달되고 있다고 볼 수 있습니다. 하지만, 그들의 자녀들이 어린이집, 학교에 가게 되면서 그분들의 관심이 달라지기 시작하죠. 단순히 생활이 아니라 그들의 자녀들이 이 땅에서 살아가야 할 문제가 중요해지는 거예요. 보이지 않는 소외가 시작되기 때문이라고 할 수 있죠. 아무래도 대화가 잘 안되니까 학부모 모임에서 제외가 되고 소외가 되니까. 엄마로서 받는 스트레스가 생기게 되고 이에 대한 불안감 때문에 종교에 허입하거나, 이런 것을 도와줄 수 있는 친구가 필요한 거예요."

한 다문화 가정사역 복지사의 이야기이다. 현실적으로 다문화 가정의 2세에 대한 문제들이 사회적으로 중요하게 논의되고 있다. 많은 다문화의 자녀들이 이제 학교나 사춘기를 지나고 지역사회의 구성원으로서 자리를 잡아가고 있다. 문제는 그들이 가지고 있는 정체성과 가치관의 혼란이 매우 심각하다는 것이다. 이를 위해서는 다문화 가정에 대한 우선적인 안정과 다문화 외국 여성들에 대한 정서적인 안정과 관계 형성이 중요하다. 이러한 상황속에서 지역 교회들이 가지고 있는 자원들과 사역들이 유용하게 사용될 수 있다. 실제로 다문화 외국 여성들과 가장 쉽게 도움이 되는 그룹이, 어느 정도 자녀들을 키우고 개인적인 삶에 여유가 생긴 40대 이후의 여성이라는 복지사의 이야기는 우리 교회에게 시사하는 바가 크다고 할 수 있다. 문제는 이러한 다문화 현장에 대한 이해속에서 교회가 어떻게 그들을 위한 섬김과 봉사의 사역을 진지하게 감당하는가에 있다.

3. 교회의 다문화 사역[6]

사역을 위한 프로그램이나 행사가 필요한 것은 사실이지만, 지금까지 논의된 과정 속에서 우리는 좀 더 본질적인 목표와 계획을 가질 필요가 있다. 대부분의 사역논의를 끌어오는 시점이 나(I)가 아닌 남(It)을 향하고 있을 때 우리는 언제나 목적과 수단에 대한 혼란을 경험하게 된다. 유행하는 프로그램과 사역들은 대부분은 "다른 곳에서 해봤더니 참으로 좋았더라"는 기대에서 시작한다. 또한 우리교회 정도 되면 이 정도는 해야 된다는 성장주의적 관점을 벗어나기가 쉽지 않다. 한동안 한국교회에 영어공부를 위한 영어예배가 유행하면서, 영어권 선교사나 목사들을 구하기 위한 경쟁이 있었다. 그래서 결국 영어설교사역을 아르바이트나 수익의 수단으로 전락시키는 모습은 한국교회의 사역의 현장을 단적으로 보여 주고 있다고 할 수 있다.

---

6) 다문화 사역의 의미는 아직 통일적이지 못하다. 최근에는 이주민 사역(Migrant Ministry)이라는 개념이 사용되면서 이주한 외국 노동자나 다문화 가정을 포함한 사역을 통칭하고 있다. 이 외에도 다민족, 다문화, 외국인 사역 등이 통념적으로 사용되고 있으며 이에 대한 신학적, 실천적 연구도 선행될 과제이다. 여기에서는 사역의 개념을 선교적 개념으로의 활동차원이 아니라, 신앙 공동체 속에서 계획하고 이루어지는 교육공동체적 개념으로 이해하고자 한다. 이를 통해서 다문화 사역에 대한 본질적인 신학적, 실천적인 사역모델들이 논의되기를 기대하려는 시도이다. 이를 위해 마리아 해리스의 『회중 형성과 변형을 위한 교육목회 커리큘럼』 (고용수 역, 서울:한국장로교출판사, 1997)과 제임스 파울러의 『변화하는 시대를 위한 기독교교육』 (박봉수 역, 서울: 한국장로교출판사, 1996)을 참고할 것.

어떠한 사역을 시작하기전에 무엇을 위해서, 어떠한 동기와 목적을 가지고 하고 있는가를 진지하게 성찰하지 않는다면 다문화 사역은 또 다른 자기 도취적 교회사역이 될 것은 너무도 자명하다. 여기에서 우리가 주의해야 할 것이 바로 이것이다. 사역의 주체가 목회자 개인의 의지나, 교인들의 이해관계, 상황이나 환경에 따라 교회자체가 되어서는 안된다. 하나님의 성육신적 사건을 온전히 감당할 수 있는 교회가 사용되고 주님의 주권으로 결정되어지며, 이를 통해 교회 공동체가 기쁨으로 행할 수 있다.이러한 차원에서 여기에서 제시되는 내용 또한 누구나가 따라할 수 있는 프로그램이나 전시적 모형이 아님을 밝혀 둔다. 오히려 우리의 부족함과 나약함을 드러내는 순례의 과정이며, 하나님 나라의 큰 소망 속에서도 작지만 소중한 삶과 지역을 섬기려는 신앙 공동체의 소중한 결단을 필요로 할 것이다.

1) 코이노니아 : 다문화 사역을 위한 공동체의 성찰

공동체(community)와 교제(communion)는 하나님의 사역을 위한 장이며 관계이다. 이 중심은 마땅한 사랑(요일4:11)이다. 사랑은 코이노니아의 핵심이며 이것을 통해서 공동체의 사명과 사역은 준비되고 실현된다. 마리아 해리스가 제시한 "다스리는 실재로서, 죄를 깨닫게 하는 실재로서, 그리고 아직 실현되지 않은 불완전한 실재로서의 공동체"(마리아해리스,92)는 아직은 부족하고 연약한 공동체일지라도 그리스도의 사랑의 힘이 얼마만큼 완전한지를 기대하게 한다. 즉 우리의 공동체가 감당할 수 있는 공동체적 사명을 진지하게 고민하는것에서 시작한다. 다문화 사역은 다문화 상황을 우리 공동체가 어떻게 발견하고 훈련하며 실행하는가에서 시작될 수 있다.

① **성찰**

· 우리가 만나고 있는 성도들과 이웃들을 돌아보기

· 우리 사회가 가지고 있는 공동체의 상황과 문제를 나누어보기

· 우리교회가 할 수 있는 공동체의 사명과 과제를 제시해보기

② **훈련**

· 교회 공동체의 과거와 현재 미래의 모습을 나누어보기

· 지역을 이해하는 만남과 탐방 및 조사를 실행하기

· 지역공동체를 위한 교회의 사명을 정하고 실행하기

③ **실행**

· 다문화 상황에 대한 지역조사(동사무소 통계, 만남 및 면담, 지역설문조사)

· 교회공동체의 의식 및 다문화 사역에 대한 이해도 조사

· 다문화 사역에 대한 예배 및 설교, 교육 개발 및 실행

　　다문화 사역의 시작은 지역사회를 포함한 공동체의 환경과 깊게 연관되어 있다. 이를 위해서 교회가 속한 지역사회 이해와 협력을 기초로 시작하여야 하며, 이를 위한 교회 공동체 안의 훈련과 교육이 선행되어야 한다. 특히 단순한 섬김을 벗어나서 철저한 지역조사와 함께 사역그룹을 준비시키는 것이 필수적이다. 가능하다면 공동체적 관심의 주체를 교회가 아닌 다문화 현장 속에서 찾는 것이 바람직하다. 외부에서 준비된 사역자를 찾기보다는, 공동체에 속해 있는 자원들과 함께 할 수 있는 영역을 개발하고, 지역전문단체와의 연계를 통해서 시작한다.

2) 레이뚜르기아 : 다문화 사역을 위한 기도와 영적 성찰

교회사역에서 영성의 역할은 생명을 유지시켜주는 호흡과 같다고 할 수 있다. "영성은, 근본적으로 말하면, 우리가 하나님 앞에 선 채 세계 속에 존재하는 방식이다. 다른 말로 표현하면, 우리의 삶 속에서 그 어떤 것도 우리의 영성이 미치지 않는 곳이 없다. 즉, 우리가 어디에 있든지 그리고 우리가 무엇을 행하든지 그것은 하나님의 신비 안에 잠겨 있을 수 있다는 것이다"(마리아 해리스,125). 다문화 사역에서의 영성의 역할은 영적 행위들을 통해서 그리스도의 믿음과 가치를 통일화시킨다. 이것을 위해서는 다문화 사역을 감당하는 다양한 예배와 예전들, 기도의 행위들, 영성 훈련 등이 공동체적 삶을 통해 실현되어야 한다.

① 성찰

· 나의 개인적인 영성을 어떻게 이루고 성장시킬 수 있는가

· 우리 교회의 예배와 예전 및 영성 훈련은 무엇인가

· 이 세상 속에서 영성의 의미와 역할을 무엇인가

② 훈련

· 기독교의 영성이해와 역사를 학습하기

· 우리 교회의 예배와 예전 및 영성 훈련을 점검하기

· 영성의 삶을 통해서 공동체와 이웃을 위해 사용하기

③ 실행

· 영성 활동을 확대하기(다문화 예배와 통합절기예배 및 가족공동체 예배 드리기)

· 함께하는 기도와 찬양 드리기(다문화 기도문 제작 및 찬양집 구입)

· 영적 멘토를 세우고 지도하기

다문화 사역에서의 영성의 역할은 가장 기본적이면서도 구체화하기 어려운 부분이다. 영성이라는 차원을 단순화해서 함께 기도하고 교육하고 세례를 주는 행위로만 이해한다면 사역을 위한 경쟁적 행위로만 왜곡될 수 있으며, 반대로 공익적 차원에서의 섬김만을 강조한다면 기독교적 가치에 대한 존재목적에 대한 상실로 이어질 수 있다. 이 부분에 있어서 대부분의 지역 교회가 가지는 한계와 소외를 경험하게 된다. 결국 사역자가 많이 준비된 대형교회가 감당하거나 지역 전문단체에게 그 역할과 책임을 전가하는 것이다. 하지만 반대로 그들의 영적욕구에 가장 민감하게 반응할 수 있는 환경은 지역을 기반으로 한 교회일 수 있다. 모든 환경이 갖추어지고 준비된 곳도 필요하지만, 작지만 한 영혼을 책임질 수 있는 진실된 영적 공동체가 더욱 소중하다.

3) 디다케 : 다문화 사역을 위한 가르침

가르침의 사역은 사역의 방향과 미래적 가치를 준비하는 실재이다. 그러기에 공동체적 가르침은 만남과 소통을 통해서 또 다른 하나님의 가치를 발견하게 하는 창조적인 작업이다. 신앙공동체는 세상의 가르침을 뛰어넘을 수 있는 예언자적 가르침을 요구한다. 예언자적 가르침은 사회나 개인이 요구하는 능력을 벗어난다. 또한 자신의 의지나 환경을 이기고 나아간다. 누구나가 하려고 하는 개인적인 가르침이 아니라, 남이 하지 못하는 가르침을 포기해서는 안 된다. 그러기에 다문화사역을 위한 가르침의 사역은 더욱 풍부해질 수 있다. 이들의 상처와 아픔은 우리에게 계속해서 많은 문제제기를 요청하고, 변화를 요청할 것이다.

① 성찰
· 나에게 영향을 준 가르침의 내용과 스승들은 누구인가
· 우리 교회에 다음세대를 위해서 무엇을 가르치고 있는가

· 우리 사회의 교육의 현실과 아픔은 무엇인가
② 훈련
· 교육의 틀을 확대하기(지역사회의 교육 활동 지원 및 참여)
· 신앙교육을 심화하기(성경공부, 소그룹, 시민사회 교육)
· 다문화 가족과 함께 소통, 대화, 만남을 시작하기
③ 실행
· 다문화 사역을 위한 교육 과정을 연구, 실행하기
· 다문화 가정을 위한 교육프로그램 제공하기(세례 교육, 양육 훈련)
· 다문화 교육지도자 세우기(다문화 리더훈련, 위임하기)

가르침의 행위는 상관 관계적이고 공동체적인 신앙 훈련이다. 이러한 차원에서 다문화 사역에서의 교육의 역할은 소통의 과정과 관계의 형성이라고 할 수 있다. 일방적인 교육이 아니라, 그들과 함께 배우고, 그들로부터 배울 수 있는 과정을 포함한 교육 커리큘럼이 필요하다. 특히 다문화 교육의 중요한 주제는 언어와 문화라고 할 수 있다. 이들에게 쉽게 접촉할 수 있는 한글 교육이나, 문화 활동 이외에도, 그들의 언어와 문화를 실현하고 지킬 수 있게 하는 역할도 신앙공동체 속에서 교육적 사명으로 진행할 수 있다.

4) 케리그마 : 다문화 사역을 위한 말씀선포
역사적으로 케리그마(설교)는 의미와 재형성의 과정을 거쳐 왔다. 가난한 자, 포로된 자, 눈먼 자, 놀린 자, 이 사람들은 모두 우리의 형제들이요 자매들이다(눅4:16-19). 케리그마는 하나님의 입장에서 모든 동기들과 선한 행위들을 나와 우리를 넘어서서 선포된다. 그 어느 누구도 타인, 소외된 자, 나 아닌 자,

가난한 자로 여겨지지 않는다. 오히려 내가 너이고, 우리가 우리이고, 타인이나 자신이다. 이것이 삼위일체적 삶의 통합이다. 그러기에 삶을 살아가고자하는 하나님의 정의(Justice)를 그 본질로 삼는다. 평화, 긍휼, 용서, 사랑은 한 말씀이 아니라 정의로서 하나이다. 다문화 사역을 위한 말씀 선포는 다른 말씀이 아니라 우리와 같은 말씀이다. 이것은 하나님이 해 주시기 때문이고 단지 듣는 귀가 다른 것 뿐이다.

① **성찰**

· 나에게 성서 즉 하나님의 말씀은 어떠한 의미인가

· 설교를 통해서 나의 삶은 어떻게 변화되고 있는가

② **훈련**

· 다문화 사역을 위한 설교를 통한 소통과 기능들

· 하나님의 말씀을 삶으로 살아내기

③ **실행**

· 우리에게 가능한 선포적(카리스마)사역을 실행하기

　(이해를 위한 도구들, 통역 및 번역 주보 등)

다문화 사역에서의 선포는 의도되지 않은 힘을 가진다. 이해되어지는 선포 속에서도 은혜를 경험하지만, 다양한 경험과 상징을 통해서도 하나님의 말씀을 해석하고 살아갈 수 있다. 이것은 배려이고 관심이다. 다양한 의례(ritual)를 통한 선포와 이해를 위한 작은 노력들을 통해서 한 영혼을 위한 진실된 선포와 예배를 드릴 수 있다.

5) 디아코니아 : 다문화 사역을 위한 봉사의 커리큘럼

디아코니아는 섬김, 봉사, 정의를 위한 행동, 문제 제기, 능력 부여, 그리고 사회적 돌봄과 같은 의미를 포함한 개념이다(마리아 해리스,178). 디아코니아 개념의 확대는 단순히 교회적 자선을 넘어서서 하나님 나라 실현을 위한 성육신적 교회에게 주어진 중심 사명으로 이해되고 있다. 이것을 통해서 교회는 복음과 사회의 새로운 차원의 협력과 참여, 개방과 소통을 향한 새로운 준비로 나아가야 한다. 다문화 사역은 복음적 디아코니아 사역인 동시에 사회적 디아코니아 사명을 서로에게 가지고 있다. 즉 교회 안에서의 봉사와 함께 공적인 봉사와 참여로 연결되기 때문이다. 그러기에 다문화 사역의 디아코니아는 교회와 지역사회, 그리고 삶과 가치관을 포함한 포괄적인 개념으로 확대되어야 한다.

① 성찰

· 나에게 낯선 외국인이 찾아온다면 나는 어떻게 반응하는지 생각해보기

· 우리교회가 지역사회를 위해 참여하고 있는 역할은 무엇인가

· 모든 사람에게 주어진 자유와 삶을 어떻게 행복하게 할 수 있을까

② 훈련

· 나의 삶의 주위의 만남을 확대하기(다문화 가정, 장애인, 노인들)

· 우리교회가 할 수 있는 봉사의 활동들을 시도하기

· 봉사의 경험을 나누고 확대하기

③ 실행

· 교회 다문화 공동체 지원 및 네트워크(장소 및 기타 지원 가능한 환경들)

· 함께 만들어가기(공동체 연합 축제, 다문화 바자회)

· 지역 공동체 일원으로 참여하기(다문화 사회운동 참여하기)

다양한 다문화 사역 프로그램과 활동들을 참고하여 우리에게 필요한 사역들을 개발하고 적용할 수 있다. 하지만 이미 많이 하고 있는 사역 속에서 소외되고 제도화된 부분을 다시 한번 점검할 필요가 있다. 특히 그들의 삶의 필요와 상황이 지속적으로 변하고 있는 현실 속에서 다문화 사역 또한 새로운 창조적 사역들이 지속적으로 요청되고 있다.

변화하는 시대를 우리가 다 이해하거나 바꿀 수는 없다. 그럼에도 시대를 향한 하나님의 마음은 우리가 이해하고 변화시킬 수 있다. 이것이 사명이다. 그 사명 속에서 다문화 시대를 살아가는 교회와 그리스도인의 사명과 책임을 감당하는 것은 이 시대의 요청이다.

한 이주자 선교포럼에서 소개받은 라디오의 이야기이다. "달걀이 하나 있습니다. 그 달걀이 스스로 깨고 나오면 병아리가 되지만, 그 누군가에 의해 깨어진다면 후라이가 된답니다." 많은 것을 생각하게 하는 이야기이다. 다문화 사역의 현실과 현장의 이야기도 우리의 자세에 따라서 많이 바뀔 수 있다는 것이다. 결국 하나의 열매를 위한 노력이 내가 가진 도구가 아닌 하나님께서 주시는 힘과 열정이며, 그 가치는 내가 가지는 것이 아니라 함께 나눌 때 그 미래가 준비된다. 이제 다문화 사역은 그 누구의 책임과 주도가 아니라, 지역 속에서 하나님의 아름다운 공동체를 이루어가는 교회와 온 성도들이 함께 만들어야 할 잔치가 되기를 소망해 본다.

도움 받은 글

레슬리 뉴비긴(2007), 『다원주의사회에서의 복음』. 홍병룡 역. 서울: IVP.

마리아 해리스(1997), 『회중 형성과 변형을 위한 교육목회 커리큘럼』. 고용수 역. 서울:한국장로교출판사.

제임스 파울러(1996), 『변화하는 시대를 위한 기독교교육』. 박봉수 역. 서울: 한국장로교출판사.

조해룡(2010), 「선교적 교회론 연구」. 장로회신학대학원 박사학위논문.

VIII. 다문화 설교 자료

심 민 수(미드웨스턴침례신학대학원/실천신학)

1. 다문화 극복의 길

본문: 사도행전 2장 1-13

서론

본문에서 오순절 사건을 맞이한 사람들은 대부분 유대인의 혈통을 가졌지만 문화적으로 언어적으로 여러 나라에 속한 사람들이었습니다. 이런 차이와 다양성을 지닌 상황에도 불구하고 교회는 초기부터 정체성이 분명한 공동체였습니다. 다양성이 존재함에도 불구하고 어떻게 그 차이가 편견과 차별로 나타나지 아니하고 모두가 하나의 공동체로 존재할 수 있었는지 그 근원적 원리를 알아봅시다. 이것은 오늘날 우리 시대의 다양성을 해결하는 근원적 원리가 될 수 있습니다.

대지 1: 한 마음으로 기도함이 하나 됨의 시작입니다(1-3절).

예수께서 승천하시기 직전 제자들을 향해 몇 날이 못 되어 성령으로 세(침)례를 받으리라는 말씀을 하셨습니다. 그리하여 제자들은 다락방에 모여 함께 기도하며 기다렸습니다. 이처럼 주의 말씀을 의지하여 모두 함께 한 목적을 위해 기도함으로 그들은 하나가 됨을 경험하게 됩니다. 주님의 사람들은 그 배경과 처지가 어떠하든지 함께 주의 이름으로 모여 한 마음으로 그 분을 생각하고 그 분의 뜻을 함께 품을 때에 하나가 됩니다. 함께 모인다는 그 자체가 하나의 목적을 갖고 그 목적을 따라 마음을 모은다는 것을 의미합니다. 여기서 기도는 공동체를 하나로 묶는 가장 소중한 원천이 됩니다. 아무리 다양해도 함께 기도함으로 한 마음을 품을 때에 비로소 하나가 됩니다.

대지 2: 성령충만함이 하나 됨을 가능케 합니다(4절).

성경본문은 그들이 다 성령의 충만함을 받고 성령이 말하게 하심을 따라 다른 언어들로 말하기를 시작하였다고 증언합니다. 오순절 성령 사건을 체험하자 이들은 언어를 초월하여 성령의 교통하시는 역사를 동일하게 체험하게 됩니다. 그들은 성령을 통해서 말했고 성령 안에서 생각하고 행동했습니다. 성도들 안에서 한 분 성령이 일하시게 되자 모두가 하나 됨을 경험하게 됩니다. 성령은 믿는 자들 안에서 교통하심을 통해 진정한 성도 간의 교제가 가능하게 하십니다. 초기 제자 무리는 이런 경험 속에서 하나의 공동체로서의 정체성을 구성원 모두가 확증해 가게 되었습니다.

대지 3: 하나님의 기적을 함께 경험함이 하나 됨을 촉진합니다(5-12절).

그때에 경건한 유대인들이 천하 각국으로부터 와서 각기 다른 방언으로 제자들이 말하는 것을 보고 놀라며 당황하였다고 성경본문은 소개합니다. 이런 기적은 모든 사람들을 놀라게 할 만한 것이었기에 기적 체험의 당사자들인 제자들조차 놀라움을 금할 수 없었을 것입니다. 그 기적 속에서 제자들의 무리는 동지애를 느끼며 하나 됨을 확인하게 되었습니다. 그 기적의 광경을 옆에서 지켜보았던 여타의 무리도 베드로의 설교를 듣고 회심을 체험하였습니다. 이로써 구원받는 무리가 날마다 더해지는 놀라운 일이 발생하게 됩니다. 일련의 과정의 결과로 신앙의 무리 가운데서는 하나 됨의 구체적인 실천 운동이 일어나게 되는데 그것이 바로 유무상통의 현상입니다. (43-47)

결론

사람의 마음에 편견과 차별의 쓴 뿌리가 상존하는 것은 성령님의 역사가 부재한 결과입니다. 하나님의 성령이 그 마음에 충만한 사람은 모든 죄성의 뿌리가 불타고 소멸되어 집니다. 초대 교회 공동체에서 나타났듯이 성령의 충만함과 기적 체험의 결과는 현대를 사는 우리들도 모든 편견을 넘어 참된 사랑 가운데서 하나 될 수 있다는 가능성을 확신케 합니다. 이런 하나 됨을 경험한 자들이 세상에서 귀한 모본을 보일 때 이 사회도 그 선한 영향력을 받고 선한 결실을 내게 될 것입니다.

2. 값싼 노동력

본문: 사사기 1:28-2:5

서론

세계적인 노동력의 이동 현상은 노동 수입국의 노동력 부족과 노동 송출국의 일자리 부족 에 기인합니다. 따라서 수입국과 송출국 모두 이 현상에 대한 문제점을 제공한다는 점을 상정해야 합니다. 송출국의 많은 이주노동자들은 경제적으로 더 많은 수입을 얻을 수만 있다면 무슨 일이라도 하겠다는 욕망에 이끌립니다. 수입국의 사용자 역시 상품 생산에 있어서 더 값싼 노동력을 얻을 수만 있다면 아무라도 이용해서 이득을 얻겠다는 욕심에서 자유하지 못합니다.

사사시대 초기 이스라엘 지파 백성들은 노동력을 착취하기 위해 하나님의 명령을 어기면서까지 정복한 가나안 족속들을 쫓아내지 않았습니다. 그런데 이스라엘이 이방 족속을 강제로 노역시키기 위해 그들을 영내에 머물게 하면서 엉뚱한 결과를 낳게 됩니다. 그렇다면 성경 본문을 통해 노동력의 착취의 원인과 결과는 어떤 것이었는지 알아보겠습니다.

대지 1: 쉽게 이득을 얻으려는 욕심이 약자를 착취하는 원인이 됩니다(1:28).

이스라엘 지파 사람들은 주변에 살던 가나안 족속들을 노역에 동원하기 위해 하나님의 지시를 어기고 그들을 다 쫓아내지 않았습니다. 당시 노동력은 물질 이상의 강력한 자원이었기 때문입니다. 이렇듯 값싼 노동력을 얻고자 하는 이기적인 욕망은 남을 억압할 수 있는 권력이 주어지면 약자를 쉽게 착취하고 이용합니다. 이런 식의 힘의 남용을 하나님은 결코 기뻐하지 않으십니다. 그럼에도 불구하고 욕심에 노예가 된 인간은 남을 이용해 더 많은 이득을 쉽게 얻을 수만 있다면 언제라도 그 욕심을 발동시킵니다.

대지 2: 인간의 탐욕은 하나님께 불순종함으로써 시작됩니다(2:2).

모든 욕망이 나쁜 것은 아닙니다. 그러나 고삐 풀린 망아지처럼 하나님의 말씀에 의해서 통제받지 못한 욕망은 한 순간에도 탐욕으로 발전할 수 있습니다. 이것은 하나님의 말씀에 순종하지 않으려는 인간의 죄의 본성에서 비롯됩니다. 이스라엘 지파 백성들 역시 노동력을 이용하기 위해 하나님의 지시와 명령을 어기고 가나안 족속을 일부 쫓아내지 않았습니다. 그들의 이러한 행태는 노동력 착취를 통해 얻게 될 물질에 대한 탐심이 하나님의 말씀을 사모하는 마음보다 우위에 있었음을 보여 줍니다.

대지 3: 약자를 착취함은 결국 올무가 되어 돌아옵니다(2:3).

하나님의 말씀을 어기고 주변 이방 족속들을 노예로 삼아 그들의 노동력을 착취했던 이스라엘 지파 백성들은 오히려 그들의 우상 종교로 말미암아 영혼이 오염되고 맙니다. 잠시 힘으로 이방 족속을 억압하였으나 신앙적으로는 우상 종교의 노예가 된 것입니다. 현대에도 약자를 착지함으로 얻게 되는 이득은 인간의 정신을 나태하고 부정직하게 만듭니다. 뿐만 아니라, 약자를 섬기며 살아가야 할 하나님의 백성들이 그들을 억압하고 착취함은 결국 자신의 영혼을 변질시킵니다. 땀 흘려 얻어야 할 열매를 쉽게 얻게 됨으로써 사명자로 살아가야 할 존재들이 세속의 안락과 향락에 빠지게 됩니다.

결론

현대의 노동력 이주 현상은 대부분 두 욕망의 합의 속에서 일어납니다. 낙후된 지역의 사람들이 더 나은 물질적 삶을 위해 선진 지역의 일자리를 찾아 나섭니다. 이 과정에서 합리적이고 적법한 과정을 밟기보다는 수단 방법을 가리지 않게 되는데 이는 경제적 이득에 대한 욕망이 강렬하게 작용하기 때문입니다. 한편 선진 지역에서는 노동력의 부족 현상을 메우기 위해서 이주 노동자들의 유입을 허용하게 됩니다. 그런데 대부분 그 이면에는 보호받을 법적 근거가 없고 자기 권리를 주장하기 힘든 이들로부터 값싼 노동력을 얻어내기 위한 탐욕이 도사리고 있습니다. 그 결과 적법하지 못한 수많은 착취 현상들이 생겨납니다. 이 과정에서 피해를 당한 사람들에게 심겨지는 상처와 혐오와 분노는 해소할 수 없는 후유증을 남깁니다.

3. 고통받는 이웃을 향한 덕행

본문: 누가복음 10:25-37

서론

강도 만나 상해를 입고 죽어가는 사람을 돕는 것은 당연한 인간의 도리입니다. 우리 주변에 불법 이주자가 공장주로부터 임금 체불을 당하고 상해까지 입었으나 불법 체류라는 법적인 문제 때문에 이웃에 도움을 청하지도 못하고 고통당하는 경우가 많습니다. 이것도 강도 만난 사람과 다를 바 없습니다. 그럼에도 불구하고 이 일은 많은 경우 외면됩니다. 상식적으로 보아 더 많은 인간적인 도움을 줄 법한 대상들이 오히려 더 무책임한 외면으로 일관하는 경우가 많습니다. 본문에 등장하는 제사장과 레위인 같은 종교인들은 성경 교리에 대한 지식과 종교적 행위 면에서는 유력한 자들이었습니다. 그러나 정작 어려움에 처한 사람들을 돕는 일에는 극도로 무관심한 존재들이었습니다. 그렇다면 성경 본문에서 선한 사마리아사람이 보여 준 행위로부터 우리가 배울 수 있는 교훈은 무엇일까요?

대지 1: 고통받는 사람을 불쌍히 여겨야 합니다(32절).

여리고 길에 강도 만난 사람을 돕는 일은 주님이 주신 이웃 사랑의 계명을 실천하는 길입니다. 주변에 고통받는 사람이 있다면 바로 그들이 이웃이라고 예수님은 가르칩니다. 그들에 대한 사랑의 실천은 먼저 불쌍함이라고 하는 인간의 원초적인 감정으로부터 시작됩니다. 오늘날 사람들의 감정은 세상의 악한 문화에 오염되고 무뎌져서 본디 인간이 지닌 본성적인 감정들이 소실되어 버렸습니다. 본문에서 사마리아인이 선한 행동을 시작할 수 있었던 것은 그가 강도 만나 죽어가는 사람을 불쌍히 여기면서부터 시작되었습니다. 우리가 이웃의 아픔을 자신의 아픔처럼 불쌍히 여길 줄 아는 것은 매우 소중한 감정입니다. 성경은 즐거워하는 자들과 함께 즐거워하고 우는 자들과 함께 울라고 가르칩니다. 우리가 잃어버려서는 안 될 긍휼의 마음, 이것은 주님의 마음입니다.

대지 2: 구체적인 도움의 손길이 필요합니다(33절).

선한 사마리아 사람은 기름과 포도주를 꺼내어 강도 만난 피해자의 상처를 치료해 주고 주막으로 데리고 가서 돌보아 줍니다. 우리는 어려움에 처한 사람들에게 말과 입으로만 사랑한다고 해서는 안 됩니다. 실제적이고 실천적인 사랑의 행위가 뒤따르지 않은 채, 말과 입으로만 사랑을 남발하는 행위는 오히려 가증한 것에 속합니다. 하나님의 계명 아래 사는 사람은 무엇보다도 고통받는 이웃을 향해 구체적인 도움의 손길을 보여 주어야 합니다. 도움을 필요로 하는 많은 사람들이 있지만 특별히 인종과 문화가 다르고 힘도 없고 보호도 받기 어려운 이주노동자들을 향한 그리스도인들의 구체적인 섬김과 도움은 하나님의 사랑의 계명을 구체적으로 실천하는 길이 될 것입니다.

대지 3: 마지막 까지 최선의 도움이 필요합니다(34절).

본문의 사마리아 사람은 한 번 시작한 도움을 일시적인 것으로만 그치지 않았습니다. 그는 상해를 입은 사람이 잠시의 도움만으로 회복되기 어렵다는 것을 알았습니다. 그는 돌아오는 길에 다시 들러 그의 완쾌를 위해 마지막까지 돕고자 계획합니다. 매우 소중한 덕행입니다. 그의 자세는 불쌍한 감정으로부터 시작되었지만 실천적인 행동으로 나타났고 지속적이고 의지적인 결단으로 발전합니다. 최선을 다하는 귀중한 자세입니다. 잠시 지나가는 일시적인 감정으로 그치지 않고 지속성을 지닌 의지적인 사랑의 행위로 승화시키는 것은 성령과 함께하는 신자의 모습 속에서도 나타나야 합니다. 여기에는 시간과 물질의 헌신 그리고 철저한 신앙적 마음 자세가 전제되어야 합니다.

결론

다문화 가정과 불법 이주노동자들의 고통에 대해서 교회와 그리스도인들은 결코 무책임한 자세로 그들을 외면해서는 안 됩니다. 물론 끝까지 시간과 물질을 내어 이웃을 돕는 일은 쉬운 일이 아닙니다. 그러나 성령과 함께하는 사람들은 지속적인 사랑의 실천 행위를 드러내어야 합니다. 이주노동자들은 분명히 우리의 이웃이며 하나님이 우리에게 맡기신 사랑의 대상입니다. 따라서 교회는 이들을 도울 수 있는 구체적인 계획을 갖고 있어야 하며 고통을 함께 짊어질 수 있는 방안들을 마련해야 합니다.

4. 편견을 넘어선 사랑

본문: 요한복음 4: 3-42

서론

사마리아 지역은 앗수르 침략 때에 대부분의 사람들이 잡혀갔고 일부 남은 자들은 이방인들과 혼혈된 지역이었습니다. 그로 인해 유대인들은 사마리아 지역을 매우 멸시하였습니다. 당시 유대인들은 남쪽 유다지역과 북쪽 갈릴리 지역에 흩어져 있었는데 왕래 시, 중간 지역인 사마리아 땅을 통과하지 않고 대부분 옆으로 돌아갔습니다. 사마리아인들과는 상종하지 않기 위함이었습니다. 유대인들은 사마리아인을 이방의 피가 섞인 혼혈 종족으로, 타문화에 오염된 변절한 무리로 취급하는 등, 심각한 편견을 갖고 그 지역민들을 무시하였습니다. 그러나 예수님은 편견을 깨는 전혀 뜻밖의 행동으로 모두를 놀라게 하셨습니다. 혼혈 종족, 타문화를 향해서 보여 주셨던 주님의 모습으로부터 우리가 배워야 할 교훈은 무엇인지 알아봅시다.

대지 1: 편견을 넘어 사람들과 교제해야 합니다.(9절)

예수께서는 사마리아 여인에게 먼저 말을 건네셨습니다. 사마리아 사람과 대화를 나누는 것 자체도 문제였지만 그것도 여자와 대화를 한다는 것은 경건한 유대인으로서는 있을 수 없는 일이었고 추문이 생길 법한 일이었습니다. 사실 그 장면을 돌아와 목격한 제자들조차 이상히 여길 만한 일이었습니다. 그러나 예수님은 이런 편견을 넘어 거침없는 교제를 나누셨습니다. 오늘날 우리는 다양한 배경의 사람들과 더불어 살아갑니다. 특별히 다문화적 상황 속에서 많은 외국인들과 접하며 생활하게 됩니다. 자칫 우리 식의 사고에 빠져 그들의 삶의 방식을 무시하는 일이 있어서는 안 됩니다. 편견을 넘어 그들의 존재와 삶을 용납하고 인격적인 교제 관계를 만들어 가야 합니다.

대지 2: 문화를 넘어 이웃들을 전도해야 합니다.(20-26절)

예수께서는 수가 우물가에서 만난 파란만장한 인생을 살아 온 여인에게 영생의 문제를 놓고 전도를 시작하셨습니다. 이것은 당시의 관습과 유대 문화에서는 있을 수 없는 행동이었습니다. 종교 문화적 관점에서도 선민인 유대인이 굳이 천대받는 대상에게까지 적극적으로 전도한다는 것은 불필요한 행위였고 관습을 어기면서까지 할 일이 아니었습니다. 그러나 예수님은 그 당시의 문화를 훌쩍 뛰어 넘어 이웃 땅의 방황하는 영혼을 구원의 길로 초대하셨습니다. 어찌 보면 수가의 우물가를 거쳐 가셨던 이유가 그 여인을 구원하시기 위한 의도된 행보였는지도 모를 일입니다. 요즘 한국에는 조그만 친절로도 마음 문을 활짝 열고 복음을 받아 들일만한 이주노동자들과 다문화 가정의 여성들이 많이 있습니다. 이럴 때 일수록 그런 사람들에게 나아가 문화적 한계를 넘어 전도의 사명을 감당하는 신앙인의 모습이 필요합니다.

대지 3: 종족을 넘어 영혼들을 사랑해야 합니다.(39-42절)

전도를 받은 여인이 동네로 들어가 구세주되신 예수님을 전하자 온 마을 사람들이 그 분에 대한 관심과 믿음이 생겨났다고 본문은 설명합니다. 그리하여 예수께 나와서 자기들과 함께 유하여 주시기를 간구합니다. 그러자 예수께서는 그곳에 이틀을 머무시게 됩니다. 이 시점에서 제자들은 대단히 당황스럽고 부적응한 상태에 빠졌을 가능성이 있습니다. 아직 유대적 삶의 방식을 벗어나지 못했던 제자들이기에 적응해 가는 시간이 많이 필요했을 법도합니다. 그러면서도 그들은 예수께서 종족을 넘어 영혼들을 얼마나 사랑으로 돌보시는지를 목도하고 배우는 계기가 되었던 것입니다. 주님의 이런 사랑은 오늘날도 여전히 그를 따르는 제자들에 의해 실천되어야 할 사랑입니다.

결론

국제화 시대에 해외선교는 거창한 구호로만 그쳐서는 안 됩니다. 차이와 다양성을 지닌 세계 모든 사람들을 대상으로 하는 영혼 사랑에 기초하여야 합니다. 이것은 하나님의 사랑의 마음을 따르는 길이며 예수 그리스도의 공생애에 나타난 실천적 모본에 근거합니다. 한 영혼 한 영혼에 대한 주님의 사랑만이 모든 편견과 차별과 인종과 문화를 넘어 복음 안에서 하나가 되게 합니다. 우리에게 찾아온 이웃들을 향한 전도적 삶에도 이러한 사랑의 원리는 동일하게 적용되어야 합니다.

5. 유대인이나 헬라인이나

본문: 갈라디아서 3: 23-29

서론

민족적 차별과 신분의 차별 그리고 성별의 차별은 역사와 장소를 막론하고 어디서나 사람들의 인권을 유린하고 훼손하는 원인이었습니다. 이런 문제를 완전히 극복할 수 있는 이데올로기나 제도는 현실 세계 그 어디에서도 존재한 적이 없습니다. 다행히도 차별의 문제를 극복할 수 있는 유일한 해결책을 우리는 그리스도 안에서 발견할 수 있습니다. 그렇다면, 다인종 다문화를 막론하고 그리스도 안에서 우리가 하나가 될 수 있는 근거는 무엇일까요?

대지 1: 믿음으로 함께 하나님의 자녀가 되었기 때문입니다.(26절)

율법적인 논리를 따라 사는 사람들은 자기와 동일한 생각을 갖지 않은 대상에 대해 배타적인 태도를 갖기 쉽습니다. 종교 심리학자들에 따르면 철저히 율법주의자였던 사울이 잔인하리만큼 과격한 모습으로 예수를 따르는 자를 잡아 들였던 원인이 율법적인 요구를 좇아 사는 데 따른 내면의 불합리한 억압 때문이라는 원인규명을 합니다. 그러던 그가 그리스도를 믿어 회심하게 되자 그리스도 안에서는 모두가 하나님의 한 자녀 됨을 발견합니다. 이젠 더 이상 차이가 차별로 나타나지 않게 된 것입니다.

대지 2: 새로운 신분으로 하나가 되었기 때문입니다.(27-28절)

누구든지 그리스도와 합하기 위해 세(침)례를 받은 자는 그리스도로 옷 입은 것이라고 본문은 설명합니다. 이 말씀을 풀이하면 그리스도의 의로 말미암아 새로운 지위를 얻게 되었다는 의미입니다. 그리스도가 십자가의 구원의 사건을 통해 우리에게 새로운 신분을 제공하심으로써 이제 우리는 그분이 제공한 새 신분 안에서 세상의 불합리한 모든 것을 극복하고 서로 하나 됨을 확인할 수 있게 됩니다. 성경은 유대인이나 헬라인이나 종이나 자유자나 남자, 여자나 다 그리스도 예수 안에서 하나라고 소개합니다. 그리스도 안에서 종족과 신분과 성별의 차이를 넘어 모두가 동등한 지위를 누리게 된 것입니다.

대지 3: 그리스도에 속하여 함께 유업을 잇게 되었기 때문입니다.(29절)

성경 본문은 신학적인 측면에서도 다양한 종속과 지위와 차이를 뛰어 넘어 우리가 하나 될 수 있는 근거를 제시하고 있습니다. 우리가 그리스도에게 속함으로써 모두가 아브라함의 자손이 되었고 약속대로 유업을 잇게 되었다는 것입니다. 이 말은 약속으로 말미암아 그리스도에게 속한 모두가 함께 유산을 나누고 누리게 되었다는 말입니다. 이로써 우리가 현재와 미래에 누리게 된 삶의 토대가 동일하고 동등한 것임을 소개합니다. 우리가 함께 공유하게 된 하나님 나라는 이제 새로운 시민 됨의 근거이기도 합니다. 하나님 나라의 유업을 함께 누림으로써 모든 세속적 차이를 극복할 수 있게 된 것입니다.

결론

그러므로 세상의 모든 차이를 극복하기 위한 최선의 대안은 우리가 함께 하나님의 자녀가 되는 것입니다. 이것 보다 더 유용하고 우선적인 원리가 달

리 있을 수 없습니다. 이것은 아직도 외방에 있는 존재들을 믿음 안으로 인도
할 책임이 우리에게 있음을 보여 줍니다. 또한 더욱 열정과 헌신의 마음으로
그들을 복음 안으로 이끌어야 한다는 사명 의식을 고취시킵니다.

| 부록: 다문화 사역을 위한 교회 공동체 설문조사 |

　

다문화 사역을 하기 위해 우선적으로 지역조사 및 교회 공동체의 역량과 상황을 파악할 필요가 있다. 지역조사의 경우는 가까운 공공기관을 찾아가 다문화 관련 자료들을 받을 수 있다. 교회공동체조사는 교인들의 신앙생활과 함께 교회의 체질과 사역방향을 정하는데 도움을 줄 수 있다. 다음의 예를 중심으로 응용하여 활용할 수 있다.[참조 / 조지갤럽.마이클 린드세이 「교인여론조사」]

∝ 우리 교회에 대한 전반적인 견해

1. 우리교회가 가장 잘하는 분야와 미약한 분야는 무엇입니까?

2. 그리스도의 몸된 하나의 공동체로서 어떠한 교회가 되기를 바라십니까?

3. 다음 중 우리 교회의 중요한 목표로 설정해야 할 세 가지의 항목을 선택해 주십시오.
   □ 교인들의 신앙생활을 구체적으로 증대시킨다.(성경읽기, 기도생활, 예배생활)
   □ 교인들을 교육하여 청지기의 사명과 전도의 사명을 고취시킨다
   □ 교인들에게 지역사회를 위한 봉사활동을 증대시킨다

□ 교인들에게 사회문제에 대한 의식을 증대시킨다.

　□ 교회의 시설을 확충한다.

　□ 교회의 행사와 프로그램을 증대시킨다.

4. 우리교회에서의 신앙생활이 당신의 영적 욕구를 채워줍니까?

　□ 전적으로 채워준다. □ 거의 채워준다. □ 전혀 채워주지 못한다.

　　이유를 간단히 써주세요[채워준다면;채워주지 못한다면;]

∝ 신앙과 실천에 대하여

5. 당신은 지금 예수 그리스도와 어떤 관례를 유지하고 있습니까? 예수 그리스도에 대한 당신의 믿음 상태가 어떻다고 생각하십니까?

6. 다음 항목은 교회에 나오는 이유를 임의로 열거한 것입니다. 표시해 주십시오.

항목	매우 중요하다	조금 중요하다	전혀 중요하지 않다	잘 모르겠다
1.설교				
2. 교제와 친교				
3. 성경공부 및 양육훈련				
4. 교회학교 및 주일학교				
5. 음악과 찬양				
6. 예배의식				
7. 지역사회봉사				
8. 기타(구체적으로 기술해 주십시오.)				

7. 당신의 신앙생활의 성장과 도움을 위해서 건의하고 싶으신 내용을 기술
해주십시오.

∝ 사역과 헌신을 위하여

8. 당신이 헌신하고 있는 사역에 만족하고 있습니까?
  □ 만족   □ 불만족

9. 당신이 헌신하고 싶은 사역과 분야는 무엇입니까?

10. 우리교회가 이 지역을 위해서 봉사해야할 분야는 무엇입니까?
  □ 아동청소년복지 □ 노인복지 □ 다문화사역 □ 기 타;